堀江貴文

Takafumi Horie

理不尽に逆らえ。

真の自由を手に入れる生き方

ポプラ新書

189

はじめに

本書のテーマは「怒り」だ。

とは言っても、むやみやたらに怒り散らしたり、ところかまわずキレたりする類の話ではない。

世の理不尽さや不条理さ、誰かが勝手につくったくだらない常識、多数派というだけではびこる謎ルール、他人の人生にズカズカと土足で入り込んでくる奴……。

そんな自分の人生を邪魔する「何か」から自分を守るための生き方をまとめた。

本書のコピーにある「炎上するほど生きやすくなる。」の「炎上」を「怒り」

に置き換えれば分かりやすい。

怒るほど生きやすくなる。

これは、現代の真理だ。

誰もが、自分の人生を自分で選び取って自由に生きていけるこの時代だからこそ、ときには賢く怒らなければならない。ただの都合のいい奴になってしまうと、どんどん自分の生き方が制限されてしまう。嫌なものは嫌でいいし、論理的でないものは無視していいし、搾取されるものには近づかなくていい。

僕は何かと「炎上」しているが、これまでの発言すべてにおいて間違ったことは言っていないし、社会全体を支配する思い込みや無駄なルールがなくなるように声を挙げているケースも多々ある。それで自分やみんなが少しでも生きやすくなればいいと思っているし、正しく怒りを表すことで確実に「変わる」と思っている。

最近の僕の炎上で言うと、「手取り14万？　お前が終わってんだよ」がある。

発端は掲示板「ガールズちゃんねる」に立った次のトピックだ。

アラフォーの会社員です。
主は手取り14万円です…
都内のメーカー勤続12年で役職も付いていますが、
この給料です…
何も贅沢出来ない生活
日本終わってますよね?

僕はこれを紹介するニュースを指し、「日本がおわってんじゃなくて『お前』がおわってんだよ www」とツイートした。

確かに地方の田舎だと給料が安い職場もある。

ただ、このトピ主は都内の会社に12年勤務して役職が付いて手取り14万円である。いくらなんでもこれは安すぎる。同情するべきだという意見もあるだろうが、僕はそうは思わない。給料が安いのであれば、転職するなり、別の仕事を探せばいいだけなのだ。今は失業率も低いし、探せば仕事はいくらでもある。

それをやらずに「日本終わってる」などと嘆くのは見当違いだ。だから僕は「お前が終わってんだよ！」とコメントしたのだ。

僕が思うに、こういう書き込みをしている人というのは、考え方が保守的すぎるのだ。

周囲や親や学校の先生が言ったことを鵜呑みにして「そういうものなのか」などと漠然と思って我慢を強いられている。

昔だったら、そういう保守的な考えでも問題なく生きられたが、今は違う。

スマホやSNSが発達して、情報が民主化され、誰もが必要な情報にアクセスして直ちに行動に移すことができるようになった。そうなると、必要な情報にアクセスして「行動する人」とただ漠然と生きているだけで「行動しない人」とで大きな違いが生まれてしまう。

手取り14万が不満なら、現状を改善し、手取りを増やすための方法はいくらでもあるのだ。

当たり前だが、給料が高い会社もあれば、安い会社もある。給料が安くて不満であれば、高い会社に転職すればいいだけの話だ。

また、今はそれだけでなく、副業やフリーランスで割のいい仕事を探すこともできる。

たとえば、今、流行っているユーチューブなどの動画の編集の仕事というのがある。僕はよく仲間とアドベンチャーレース（山や川、海など、自然を舞台に多種目なアウトドア競技をこなしながらゴールを目指す競技）に行くのだが、そんなときにビデオを回しておいて、後でフリーランスの方に頼んで5分ぐらいの動画に編集してもらって仲間と共有することがある。

外注先は、クラウドワークスのようなクラウドソーシングサイトで探せばすぐに見つかり、4万円ぐらいでやってもらえる。5人で共有したいと思ったら、ひとり8000円だから大した金額ではない。この手の仕事を発注するクライアントはたくさんいるのだ。

「動画を編集する」と聞くと、やったことがない人は、とてつもなく大変な作業を思い浮かべるかもしれない。だが、全然そんなことはなくて、大したスキルは必要とされない。スマホでもできるし、慣れれば誰でもできるような仕事だ。

そういう仕事を月に5回もやれば、20万円になるから、手取りで14万円を超えるだろう。先のトピ主も副業でできるような簡単な仕事だ。

昔はなんらかのスキルを身につけたいと思ったら、本を読んだりしなくてはならなかった。本を読んでも分からない読解力のない人は学校に通わなければならないということになり、さらに動画編集のソフトやパソコンを買わされて、初期投資が莫大で、なかなか手が出せなかった。

ところが、今は情報が民主化していて、動画編集のやり方ぐらいだったらググれば、無料の動画が出てきて、いくらでも学べるようになっている。

ちょっとした機転と一歩踏み出すやる気さえあれば、稼ぐのは簡単なのだ。だから、何もしないで「日本終わってる！」などと嘆くお前が終わってんだよ！　と僕は声を挙げたのである。

それともうひとつ、伝えたいことがある。

手取り14万円しか稼げないとしよう。

だったら、それでいいじゃないか。

今の日本だったら、14万円で楽しく自由に生きることが可能だ。これについては第6章で説明するが、「日本終わってる」などと嘆くぐらいなら、14万円でどうやって楽しむかを考えればいいのだ。

この「手取り14万」の例のように、ただただ現状に甘んじて、不満や文句を垂れ流していても人生は好転しない。必要な情報を選び取り、今の環境や状況が理不尽だなと思ったら、正しく論理的に逆らうことが必要だ。それこそ今の時代、怒れない人は本当に終わってしまう。

好きな人生を生きるために、理不尽さには徹底的に逆らうべきなのだ。

本書で怒り方、キレ方、怒る人への対処法、批判への立ち向かい方などを知ってもらうことで、読者のみなさんの人生が少しでも好転し、生きるのがラクになれば嬉しい。

理不尽に逆らえ。／目次

第2章

怒りをがまんしない
都合のいい奴になるな

第3章 怒ることで、世の中を変える

第4章 なぜ君は怒るのか？

第1章 理不尽に逆らえ

賢く怒り、自分を守る

01

「謎ルール」には容赦なく反抗する

世の中には、「謎ルール」というものがある。学校でも職場でもSNSでも、「何これ？」と思うような理解不能な慣習がある。どう考えても理不尽で必要ないと思ったら、怒って破り捨てるべきだ。

これは僕が大学生のときの話だ。

当時、僕は先輩から紹介されたアルバイトをやっていた。そのバイトは、地方の温泉宿に1週間ぐらい泊まりながら、ある企業が研修で使うウォークラリーの地図をつくるというもので、多少頭を使うので、その企業のコンサルタントの先生が東大生に仕事をずっと任せていたのだった。

それで僕が先輩から紹介されて地方の温泉宿に行ってみると、何人かの学生がすでに作業を始めていて僕はそれに加わった。

そうすると、30代の男性のバイトリーダーみたいな人がいて、その人が偉そうな顔をしてバイトの学生たちにあれこれ指示を出していた。

ところが、僕はそのバイトリーダーが押しつけてくる「謎ルール」が気に食わなかった（どんなルールかは忘れてしまったのだが）。「この仕事には、こういうやり方があるんだ」と、そのバイトリーダーは「ルール」を力説するのだが、僕にとってはまったく合理的ではないし、自分のやり方でやったほうが速く正確に仕事を終えられる。だから、そのバイトリーダーの言うことをサラッと無視して作業をしていたのだが、そうすると、彼がしつこく文句を言ってくる。僕もいい加減カチンときて「いやそれ、マジ意味分かんないんですけど！」なんて食ってかかり喧嘩になってしまった。

それで、コンサルタントの先生が割って入ってきた。

僕は、「先生、この人が『謎ルール』を僕に押しつけてきたから、僕はキレたんです。それがなかったら、ちゃんと大人しく仕事してますよ」と反論したのだが、先生は大人だから喧嘩両成敗とした。

両方とも怒られたわけだが、その場ではバイトリーダーのほうが一応格上だから、ダメージは僕よりもバイトリーダーのほうが大きくて、それからは「謎ルール」を押しつけてくることもなくなったのだった。

その後、僕は起業し、会社の経営をするようになったから、たとえば上司から「謎ルール」を押しつけられるということはなかったが、それでも会社が大きくなるに従って、社会が押しつけてくる「謎ルール」というものとぶつかっていった。その度に僕は「マジ意味分かんないんですけど！」と言って怒り、社会の壁をぶち破っていった。

基本的には、理不尽な「謎ルール」を押しつけられたら、ロジカルにキレれば良い。相手の主張が合理的でなければ、こちらの主張が通る、最悪負けることはないはずだ。

とはいえ、「謎ルール」というのは、いつの間にどんどん増殖してくるから注意が必要だ。日本人は特にそういう傾向があるのかもしれないが、何もないところにまずルールをつくるのが好きだからだ。

ツイッターを見ていても、本当に奇妙なルールがたくさんある。

たとえば、「FF外から失礼します」という決り文句がある。「FF外」とは、「フォロー（F）、フォロワー（F）関係でない（外）ユーザー」という意味らしい。つまり、見知らぬ相手といった感じだろうか。

見知らぬ相手から話しかけられたら、気分を害するかもしれないという気遣いから生まれた言葉のようだ。

だが、そもそもツイッターは知らない相手とつながれることが特徴なのであって、相手が知らないからと言って失礼もクソもないのだ。

僕からすれば、まったく無意味なフレーズであり、うっとうしいだけだ。ツイッターは世界中で使われているが、こんな奇妙な礼儀作法があるのは日本だけだろう。

「謎ルール」は閉じたコミュニティではびこりやすい傾向がある。閉じたコミュニティにいると、固定化したメンバーの中で村八分にされるのがいちばん恐ろしい。だから、嫌われないために、みんながどんどん忖度を始めて、それが礼儀作法として流通するようになり、「謎ルール」となっていく。門外漢からすると、まったく無意味でアホらしいものになっているのだが、それを言うとみんなが凍りついてしまう。

しかし、「そんなものは無意味なんだ」と誰かが声を挙げなければならない。

そういうことを言うのは少数派だが、僕の経験上、割と「その通りだ」と支持してくれる人が現れるものだ。

無意味なものをどんどん潰していくことが社会の改善につながると僕は思っているから、これからもどんどん好きなことを言わせてもらう。みんなも合理的に生きて「謎ルール」を減らしていこう。

02

バカコメントを相手にしない

不思議だが、自分の人生を生きていない人がいかに多いことか。

自分とは関係ない、他人の人生に口出しばっかりして、そんな意味のないことに時間を費やすことが僕には理解できない。しかも、その自覚すらない人がほとんどだ。

僕は最近、『堀江貴文のゼロをイチにするすごいプレゼン』（宝島社）という本を出した。

プレゼンは「わざわざやる価値」があると思っていて、僕が主催しているオンラインサロン「堀江貴文イノベーション大学校」（ＨＩＵ）でも定期的にプレゼン勉強会を開催している。

この本は、どんなプレゼンが価値のあるものなのか。そんなエッセンスを凝縮し、ＨＩＵ内で形作られたプレゼンメソッドをまとめた、すぐに使える実践的なものだ。

これまで数え切れないプレゼンを見てきたから、内容には自信がある。ただし、正直当たり前のことしか書いていない。それで「他の本に書いてないような特別なことが書いていない」と批判するバカコメントも寄せられたが、僕は一切相手にしない。なぜなら、当たり前のことができない人が多すぎるからだ。プレゼンの目的は、「自分が伝えたいこと」、そして「自分がゲットしたいもの」が何であるのかを明確にすることにある。「ダメダメなプレゼン」は、それができていない。「ダメダメなプレゼン」には驚くほど、共通項が多い。

この内容が知りたければ、本を読んでもらいたい。

さて、ここでの本題は、このバカコメントについてだ。

こうして新たに本を出すと「何を当たり前のことを」「堀江はいつも同じことを言っている」と突っかかってくる人が、毎回必ずいる。でも僕は相手にしない。実際「できない人」が圧倒的に多いから、原理原則を説明したり、しつこく言い続けたりしているだけなのだ。社会が少しでも良くなれば、一人ひとりがよりラクに働くことができるようになればと思っている。別に君（バカコメントの主）のために書いているわけではない。君ができているならそれでいいではないか。

ほっとけばいいだけだと思うのだが、なぜかほっとけないという人が一定多数いる。

僕の本は読みたい人だけが読んでくれればいいし、嬉しいことに読みたいと言ってくれる人がたくさんいる。内容についてのニーズもある。

こういうことは、日常の仕事などにも当てはまるだろう。関係ない奴が口出しばっかりしてくることも多いのではないか。毒にも薬にもならない無意味な批判もあるだろう。

そんな的外れなバカコメントにいちいち付き合う必要はない。生産性もなく、時間の無駄だ。無視するか、一言キレれば（注意すれば）それでＯＫだ。

「自分の人生を生きてください」と言ってやればいい。

あなた自身は、あなたを必要としてくれる人と一緒に、とにかく自分の人生に集中することだけ考えればいい。

03

外野からの批判をいちいち気にしない

僕は、「ミュージカル×グルメ」という新しいスタイルの演劇を、2018年から提案している。タイトルは「クリスマスキャロル」。言わずと知れたイギリスの文豪、チャールズ・ディケンズの名作を舞台化した作品だ。キャストには現役の歌手、人気俳優、タレントなどを起用。脚本や演出、音楽などの制作陣にも、一流のスタッフたちを集めている。僭越だが僕自身も主人公・スクルージ役として出演している。

もちろん、趣味やボランティアでこのような活動を続けているわけではない。あくまでショービジネスとして、「演劇」に取り組み、門外漢ならではの視点をいかして、新しい試みを発信している。

実は、僕は大学時代、「演劇を見るゼミ」に所属していたこともあるほど、昔から観劇が好きだ。演劇の世界で夢を追いかけ、頑張っている役者さんたちもよく知っている。

おこがましいけれど「そんな若い才能をバックアップしたい」、そんな思いもあって、演劇の世界に足を突っ込みはじめたのだ。

だが不思議なことに、そんな僕に対して、非生産的な批判を繰り出す人がいる。「ホリエモンが、なぜ演劇に?」という疑問を投げかけてくるレベルなら、まだいい。「ただの金儲けだ」「話題作りだ」「おふざけだ」という的外れな批判を言う人が大勢いるのだ。

それは、僕のミュージカルが、「観劇しながら、ディナーを」というコンセプトであること。そのディナー席の価格が4万円からで15万円のＶＩＰ席もあること。食事のメニューが豪華であること。そして素人である僕が主演、など演劇の常識とはかけ離れた内容だから出てきた批判かもしれない。

ちなみに料理については、２０１9年は、こんな内容だった。

前菜が、「マグロのタルタルとキャビア」「イタリア直送ブッラータとカラスミ」「和牛ミニバーガー」「生ハムとフルーツ」「エーデルワイスファーム焼豚スライス」。メインの肉料理が「美崎牛のローストビーフ　ポルチーニソース」。さらに、スープ「和牛と地鶏のダブルコンソメ、ラビオリとペリゴール黒トリュフ」、お食事「和牛ミニ牛丼」、デザート「バスクチーズケーキ」。そして、

ＶＩＰ席限定で、和歌山県の平和酒造の日本酒・紀土「無量山」。

こうしたコンセプトやメニューだけを見ていると、くだらない批判をしたくなるのかもしれない。

しかし、食事を豪華にしてお客さんの間口を広げれば、この物語を知らない人にもすんなり受け入れてもらえるだろうという意図がある。

劇そのものだって、脚本がとてもいいし、演者も僕を除けば一流揃いだ。

といろいろと言いたいことはあるが、「なぜ僕が演劇をやっているのか」という理由は、ちゃんと第5章（172ページ）で説明したい。

新しくビジネス、プロジェクトを仕掛ける限り、外野からの様々な批判は絶対にあるものだ。けれど、あまりに理不尽な指摘は無視し、スルーしてよい。それらを逐一気にしはじめると、何もできなくなってしまう。自分を信じてそのときに「ベスト」と思われる道を進んでいくべきだ。

ただ、あまりに批判が強かったり、ビジネスに支障が出たりするのだったら、しっかりと対応するべきだ。相手を納得させるために、ときにはロジカルにキレたっていい。僕のミュージカル批判でいうと、第5章のような話をすると全員が納得するし、ぐうの音も出なくなる。参考にしてほしい。

繰り返すが、新しいプロジェクトに挑もうとするならば、理不尽な批判には基本耳を貸すことはない。成功のためにしつこくトライしているときに、そんな時間なんてあるわけない。人生を邪魔する何ものでもない。

そんな時間があったら、潜在的な顧客の掘り起こしや、営業活動に注力するなど、自分の力を正しく使うことに集中すべきだ。意味のあるアウトプットになるよう、しつこく努力を続けるだけだ。

04

安全地帯で吠えるな！

2019年に話題になった社会問題のひとつに「老後資金2000万円問題」というのがあった。

発端となったのは、金融庁が6月に公表した「高齢社会における資産形成・管理」という報告書の内容だ。

報告書の要点は以下の通り。2017年の平均寿命は男性が81・1歳、女性は87・3歳である。また、2017年の高齢夫婦無職世帯（夫65歳以上、妻60歳以上の夫婦のみの無職世帯）の毎月赤字額の平均値が約5・5万円となっている。この事実を元に計算すると、平均余命を20年の場合で1320万円の生涯赤字、平均余命を30年の場合で1980万円の生涯赤字となる。

特に驚くことは何もないのだが、「公的年金だけでは老後のお金は平均で2000万円不足する」などと連日報じられ、世間は大騒ぎ。ツイッター上では「年金返せデモ」が呼びかけられて、2000人が集まり、「生活できる年金払え！」と気勢を上げたという。

こうした動きに対して、僕がツイッターで「バカばっか」「ほんとそんな時間あったら働いて納税しろや。税金泥棒め」とつぶやくと、大炎上になった。

いつものように大量の「クソリプ」（クソのような返事）が寄せられたが、僕にとってこの手の炎上は損することはないから大歓迎だ。ただし、あるひとりのタレントのツイートが気になった。

そのタレントは、僕のツイートを引用したうえで「てめえなんか全然頭よくないからな」と批判をしてきたらしい。

「いったい何を言いたいのだろうか？」と思って、彼のツイッターを覗こうとしたら、鍵アカ（鍵付きアカウント）になっていた。鍵アカというのは自分のツイートをフォロワー以外に非公開にする機能で、僕はそのタレントをフォローしていないので、ツイート内容は見られない状態になっていた。それでは議論ができない。「他人の批判は受け付けないけど、安全地帯からの爆弾を投げる」というスタイルだからだ。そんな卑怯な人間には怒っていいし、しっかり批判をしたら無視してしまっていい。

別に僕は誰かと喧嘩をしたいわけではない。言いたいことがあれば意見は聞くし、社会がより生きやすくなるための建設的な議論になるのだったら、批判や反論はむしろ大歓迎というスタンスだ。

でもこんなふうに安全地帯で吠えられても……、議論以前の問題で、ただの卑怯者にすぎない。みなさんは、こういうことだけはしないでほしい。

さて、「老後資金2000万円問題」についての僕の真意はこうだ。

まず報告書自体は、至極真っ当な内容だ。細かい話は省くが、「2000万円ないと死んじゃう」「2000万円ないと生きていけない」という類の話ではない。そんなのほとんどの人は知っていたのではないかと思うし、少し冷静に考えれば分かることだ。

さらに、この問題で騒動を仕掛けた側の人間には自民党を倒したいという狙いがあったのではないだろうか。

第1次安倍政権のときも年金保険料を納付した記録が国に残っていない、いわゆる「消えた年金」問題を追及され、支持率が急落し、2007年の参院選に惨敗して間もなく退陣した。年金問題は政権の鬼門であり、マスコミや野党にとっては叩きがいがあるのだ。「年金」は燃えやすく、炎上しやすいテーマなのだ。

老後の不安というのは誰にとっても繊細な問題のようで、女性誌の若い記者ですら心配顔で「年金は大丈夫でしょうか？」なんて聞いてくる。だが、僕としては年金の不安というのは、よく理解できない。合計特殊出生率（ひとりの女性が出産可能とされる15歳から49歳までに産む子どもの数の平均）が2を大きく下回って推移し、人口減少が避けられない。高齢者が多く若者が少ない現在の日本の人口ピラミッドを見れば、現役世代の給与を原資として老年世代に給付する、賦課方式の今の年金制度が行き詰まるのは明らかだ。

こんなの全部僕は分かっているので、それを一言で表すと前述の「バカばっか」だったというわけだ。

そして、僕と同じように「年金デモ」を起こした側の人たちは知っていたはずだ（デモに参加した人たちのほとんどは本気で「2000万円なきゃ死んじゃう！」と思っている）。

実際、解決策はひとつしかない。それは老後も働くしかないということだ。そうでなくとも今後、ロボットやAIが普及して仕事がなくなる人がたくさん出てくるだろう。彼らは何をしていいのか分からず、不安を抱えている。年金デモに参加した人たちは、そうした思いを政府にぶつけているのだろう。だが、それは筋違いだというものだ。

金がないなら働くしかないのだ。だが、働くといっても、スーパーのレジ打ちみたいな仕事をしましょうと言っているわけではない。

そもそも「老後資金2000万円問題」は何重にも間違っていて、まず2000万円が生活に最低限必要な金額というわけではないということ。暮らすということならもっと少ない金額で十分可能だし、最悪、生活保護という国の社会保障制度もある。要は万人に金の担保はあるということだ。

そして、もし金があれば、QOLが上がるのか、充実した老後を送れるのか、という問題がある。これは今の定年後の人たち（特に男性）を見れば分かるが、けっしてそんなことはないのだ。年金や退職金、貯金はあるが、仕事以外となると何をしていいか分からず、会社以外の人間関係も気薄で、ただぼーっと毎日を過ごしている。そんな高齢者は本当に多い。

こうした現状を考えての、老後も働くしかない、という話だし、老後も働くべきなのだ。

たとえば、ゴルフが得意ならレッスンプロのような職につけばいいし、ゴルフの知識をいかせるならなんでもいいと思う。とにかく、自分の好きなこと、得意なこと、やりたいことに、たった今からシフトすべきだ。

何かに没頭できた瞬間に、老後の心配なんて頭の中から消え去っていく。死ぬまで好きなことで働き続けることが、これからの生き方なのだ。

05

マイナスな言葉をポジティブに言い換える

２０１９年6月、東京・練馬区の自宅で、農林水産省の元事務次官・熊沢英昭被告が長男の英一郎さん（44歳）の首などを包丁で刺し、殺害するという事件があった。

報道によれば、熊沢被告は英一郎さんのことで相当な苦悩があったようだ。詳細は省くが、英一郎さんは家にこもってゲームをすることが多く、いわゆる「引きこもり」状態にあったという。

事件の直前、隣の小学校で運動会が開かれた際、「うるさい。ぶっ殺すぞ」と発言。その数日前に川崎市で児童ら20人の殺傷事件が起きたばかりで、熊沢被告は「子どもたちに危害を加えてはいけない」と思いつめ、凶行に及んだ。

英一郎さんは、事件6日前にも暴れ、「俺の人生は何なんだ」と叫んでいたという。大変痛ましい事件である。

同時に、僕自身、英一郎さんと同世代なので、けっして他人事とは思えなかった。

２０１９年3月、内閣府が公表した「引きこもり」についての実態調査によれば、全国で推計61万3000人の中高年者が「引きこもり状態」にあるという。この数字はちょっと多いと思う。大きな社会問題だ。

そもそも日本の教育システムは、英一郎さんのような人が出てくることを前提としていないのではないかと思う。だから、適応できない人が出てきたら、切り捨てるしかない、ということになってしまう。

学校になじめない人は「引きこもり」と呼ばれ、社会から排除され、自暴自棄になって親に暴力を振るうというケースもある。

僕が懸念しているのは、社会が「引きこもり」というレッテルを貼ることだ。「引きこもり」なんて言われるようになると、「自分はダメな人間なのか……」と思い込むようになり、ますます社会復帰が遠のくような気がする。そうなってしまうのは「引きこもり」という言葉の持つネガティブなイメージが悪影響をもたらしているからだ。

だから、「引きこもり」という言葉を別の言葉で言い換えることが、本来は必要だ。

２０１７年、僕は『多動力』（幻冬舎）という本を出版し、ベストセラーとなった。

『多動力』では、イーロン・マスクが服を着られないというエピソードを明かしている。服を着ている間に次のことをやりたくなってしまうから、ボタンをとめられないのだ。

僕自身、マスクと同じようなところがある。僕は地方や海外などいろいろなところに行っているが、観光には興味がないから（食や人、ビジネスに興味がある）、できれば日帰り、長くても1泊で帰ってくる。

友達と温泉に行くこともあるが、僕の場合は、温泉に浸かるのは2分で十分だ。あとはマッサージをしてもらいながらスマホで仕事をする。僕はそれでいいのだが、友達からは馬鹿にされる。

僕がいちばん嫌いなのは、ダラダラすることだ。寝ているときと酒を飲んでいるとき以外は、常に動いていたい。

そういうことを人に言うと、「ＡＤＨＤではないか」と言われることがある。

日本語で言えば、「注意欠陥・多動性障害」である。落ち着きがなく、授業中に教室内を歩き回るような生徒に対して向けられる言葉だ。「ＡＤＨＤ」という言葉には負のイメージがつきまとい、言われた人は傷つくことになる。

だが、この本で僕は「ＡＤＨＤ」の代わりに「多動力」というポジティブな言葉を発明した。すべてのモノがインターネットとスマホでつながり、全産業の壁が高速で溶けていく。そんな時代の必須スキルとして「多動力」の必要性を説き、一種の流行語にした。それによって、それまで「ＡＤＨＤ」と言われ、傷ついていた人も自己肯定感を持てるようになった。

「ＡＤＨＤ」から「多動力」に変えただけで、ずいぶんイメージが良くなったし、「多動力あるよね」って言われたら悪い気はしないし、きっと前向きになれるはずだ。だから、これからの時代は「引きこもり」や「〇〇障害」みたいなワードは、ポジティブに言い換えるべきだと思う。

前にひろゆき（「2ちゃんねる」開設者、元管理人）が「日本人は、社会的にそれほどデメリットにならないものをいちいち取り上げて、欠点のように言いがちなので、そういうことは気をつけたほうがいい」と話していたが、これはまさにその通りだと思う。

それに、これからの時代は、引きこもりや、たとえば対人恐怖症なら会社に行かず、人に会わず、リモートで仕事や打ち合わせをする、みたいなスタイルが可能だろう。今はその過渡期なのかもしれないが、これが普通の光景になっていくはずだ。

今もこれからも、職業なんていくらでもつくれるんだから、「引きこもり」だからって別にへこむこともないし、負い目を感じることも悲観的になる必要もない。

とにかく自分が好きなことをやってポジティブに考えて、できることをやっていけばいいだけだ。そのためにも、ネガティブな言葉をこの世からなくしてポジティブワードだけにすることが先決なのだ。

06

点と点をつなぐ

僕は「目の前のことに没頭しろ」とよく言っている。

だが、そう言うと、「長期的な目標や行動指針を立てたほうが効率的ではないでしょうか？」という反論を言う人が出てくる。

だが、これは間違っている。僕自身、長期的な目標や行動指針は持っていない。なぜならば、未来のことは誰も分からないからだ。

アップルの共同創業者で、2011年に亡くなったスティーブ・ジョブズが2005年に母校であるスタンフォード大学の卒業式で行った有名な演説がある。

この演説は最後に「ステイ・ハングリー、ステイ・フーリッシュ（飢えろ、バカでいろ）」という言葉で締め括られることで知られているが、ジョブズは、冒頭にもっと重要なことを述べている。それは、「点と点をつなぐ」という考え方だ。ジョブズはこう述べている。

「将来をあらかじめ見据えて、点と点をつなぎあわせることなどできません。できるのは、後からつなぎあわせることだけです。だから、我々は今やっていることがいずれ人生のどこかでつながって実を結ぶだろうと信じるしかない。運命、カルマ……、何にせよ我々は何かを信じないとやっていけないのです。私はこのやり方で後悔したことはありません。むしろ、今になって大きな差をもたらしてくれたと思います」

ジョブズは、オレゴン州にあるリード大学というところに入学したのだが、学費が高く、両親の負担が大きかった。ジョブズは、両親が一生かけて貯めたお金を意味のない自分の教育で使い果たすことに罪悪感を抱き、入学から半年後に大学を中退した。

しかし、その後、1年間ほど興味のある講義だけは聴講するもぐりの学生として過ごしたが、その中に「カリグラフィー」の講義があった。カリグラフィーとは、西洋書道のことで、文字を美しく見せるための方法のことだ。当時、リード大学では、カリグラフィーの講義が充実しており、キャンパス中のポスターが美しく彩られていた。ジョブズは単に美しい文字に惹かれ、文字の修飾法やスペースの空け方を勉強した。

もちろん、ジョブズは、これがいずれ役に立つなどとは考えもしなかった。しかし、10年後、最初のマッキントッシュを設計していたとき、カリグラフィーの知識が急によみがえってきたのだった。

ジョブズは言う。

「もし大学であの講義がなかったら、マックには多様なフォントや字間調整機能も入っていなかったでしょう。ウィンドウズはマックをコピーしただけなので、パソコンにこうした機能が盛り込まれることもなかったでしょう。もし、私が退学を決心していなかったら、あのカリグラフの講義に潜り込むことはなかったし、パソコンが現在のような素晴らしいフォントを備えることもなかった。もちろん、当時は先々のために点と点をつなげる意識などありませんでした。しかし、今、振り返ると、将来役立つことを大学でしっかり学んでいたのです」

エンジニアの立場から言わせてもらうと、プログラムをラクに書こうと思ったら、文字の幅は同じほうが良い。だから、マックが登場する以前は、等幅フォントが使用されていた。だけど、「.i」も「w」も同じ幅だったら字間にばらつきが出てきて美しくないのは事実だ。

そこで、ジョブズが文字幅の異なるプロポーショナルフォントを導入して、面倒なことになってしまった。当時、アップルで働いていた人は、みんな「なんでそんなことにこだわるのか?」と文句を言っていただろう。

ただし、プロポーショナルフォントができたおかげで、今、僕らは伝統的な活版印刷のように美しい文字をパソコンの画面上で見られるという恩恵を享受しているのだ。

こういう話をすると、「将来の役に立つような勉強をしなければ」と早とちりする人がいるが、ジョブズが最初に言っているように「将来をあらかじめ見据えて、点と点をつなぎあわせることなどできない」のである。

点と点は自然とつながってくるものであって、後から振り返ってみて「あのことが役に立ったな」と分かるだけなのだ。

みんなラクをして正解にたどり着きたいと思うから、最短距離で行こうとする。ところが、未来というものは予測できないのだから、今、何をすることが正解なのか分かるはずがないのだ。

僕はよく「10年後の未来を教えてください」などと言われることがある。だが、そんなこと分かるはずがない。

未来予測というのは、無数に変数のある方程式の解を求めるようなものであって、誰だろうとコンピューターだろうと、できるはずがないのだ。

たとえば、今後、通信の速度が高まり、容量が増えるから、動画がもっと流行るだろうといったような近似値は予測できるかもしれないが、じゃあ、具体的にどんなコンテンツが売れるかといった解は分からない（要は「相対的未来」は予測可能なのだ。詳しくは拙著『情報だけ武器にしろ。』〈ポプラ新書〉を読んでもらいたい）。

では、そういう状況で僕らができることというのは、目の前のことに集中することだけだ。

目の前にあることがワクワクすることであれば、より集中できて成果も出やすいだろう。そういうことをたくさんやっていれば、後になって点と点がつながりやすくなる。

もちろん、運の要素もあるだろうが、より多くのことをより深くやっていれば、他の人よりも差をつけることができる。これが正解である。

だから、自分の人生に関係のない人に、理不尽で不合理なことを言われようとも、確固たる考えさえあれば何も気にすることはないし、その「点」に没頭することが最適の行動なのだ。

第2章

怒りをがまんしない

都合のいい奴になるな

07

ときには理詰めで はっきりキレる

僕は2016年に、和牛輸出のエキスパートである浜田寿人氏とともに「WAGYUMAFIA」を始めた。以来、国内外に9店舗のレストランを開き、また、世界85都市以上をめぐり、神戸牛と尾崎牛のポップアップのワールドツアーを開催し、和牛の素晴らしさを啓蒙している。

以前、インスタグラムでウニと和牛の料理の写真を投稿したことがあった。そのとき、ひとりのユーザーがこのようなコメントを残していった。

「素朴な疑問　や、やさい食べてますか?」

インスタグラムで僕は和牛の写真ばかりアップしているから、ちゃんと野菜を食べているのか心配になったのだろうか。だが、僕からすれば、余計なお世話以外の何物でもない。僕はブチキレて、次のようなコメントをした。

「ホントクソな質問だよな。……肉の写真をアップしてるのはインスタで和牛を広めたいからってわからない?……おれは美味しい野菜を子供の頃からたくさん食べててむしろ肉より野菜の方が好きだった。それは食ってた肉がまずかったからだ。それを良薬口に苦し的な文脈で野菜を食べた方が健康ですよって上からマウントでクソコメント送るなボケ。二度と来るな」

他のユーザーからは「キレすぎ」「器が小さい」といった声が寄せられたが、僕はひるまず、「器とか別に小さくていいだろ。なんでクソを受け入れる必要ある？」と反論した。

なぜ僕はここまでキレたのか？

和牛は僕にとって仕事であり、日本の和牛を世界へ全力で届けるという使命がある。だから、僕がインスタグラムに掲載している写真のほとんどは和牛である。僕のインスタグラムのアカウントのフォロワー数は10万を超えているが、ほとんどの方はそれを理解していると思っているが、毎回のように「野菜も食え」「共食いはやめろ」「肉ばっかり食ってないで勉強しろ」というコメントが付けられるのだ。いいかげんストレスが蓄積されていって、あのとき、パフォーマンス的な意味も込めてキレたのである。

「野菜も食え」って、食っているよ、そんなもん。仕事だから、和牛の写真アップしてんだよ。野菜も好きだが、野菜の写真ばっかりになったら、アカウントのコンセプトがずれるだろうが。見りゃ分かんだろ、そんなもん！

こういったことを、いちいち説明しても埒が明かない。だから、このようにときには激しく、かつロジカルに理詰めでキレることが有効なのだ。

これくらいキレないと、続々と変なコメントが来る。だから縁を切るつもりでキレていい。僕にキレられた人は、腹を立てたかもしれないが、一罰百戒、他のフォロワーの方にも知らしめるつもりもあって過剰にキレたのだ。

みなさんは、ここまでSNSで「クソみたいなコメント」を浴びることはないだろうが、あなたの周りにも、なぜか意味不明なマウントをとってくる人がいないだろうか。別に普段は適当にスルーしていればいいと思うが、あまりにしつこかったり、どうしても許せないことを言われたりしたら、ときには理路整然とキレることも必要だ。別にパフォーマンスだっていい。

キレると、心のモヤモヤがスッキリして気持ちがいい。1回、ロジカルにキレれば、次からあなたの人生を邪魔されることはなくなるはずだ。

08

色あせた社会倫理から自分を守る

僕は結婚・離婚経験がある。

会社を立ち上げて3年目の頃。当時付き合っていた女性が妊娠し、それをきっかけに家庭を持つことにした。ビジネスが軌道に乗りはじめ、馬車馬のように働いていたので、ストレスも溜まっていた。

家庭という場を持ち、「気持ちを安定させたい」、当時はそんな願望もあったと思う。ところが意に反して、新婚生活は波乱に満ちたものだった。

「我が子を新しく迎えるために都内に家を買う」など、家庭人らしいこともしてみたが、妻とは喧嘩ばかり。僕が相変わらず〝仕事人間〟を貫いていたのが、気に食わなかったらしい。

夫が家事を分担するのは、当然だ。もちろん僕も賛成だが、ときはネットバブル全盛期。2000年前後の僕が抱える仕事の規模、スピードは、想像を絶するものだった。

「毎日毎日、1秒も惜しんで働いているのだから、家にいるときくらいはぐっすり寝かせてほしい」というのが僕の本音だったが、妻には理解してもらえなかった。

そして、忙しすぎて先延ばしにしていた結婚式をようやく軽井沢で挙げた後、たった3カ月後に離婚した。なんとも皮肉な話だ。

年数にして、約2年の結婚生活。それが僕の、後にも先にも唯一の結婚生活だ。

もちろん、「寂しい」という感情は湧いてきた。ひとり、家の整理をしているときに子どもの写真やおもちゃが出てくると胸が苦しくなった。とはいえ、後悔するまでには至らなかった。新たな経験を重ねた結果、「もう結婚はいいかな」というのが偽らざる心境だ。

結婚歴も離婚歴もある僕だから、日本の「家族制度」については非常に興味がある。その起源について、ちょっと調べてみたことがある。

江戸時代、農地を代々継承していくには、手入れが欠かせない。休耕田になると、あっという間に荒れ果ててしまう。だから、田畑がある場合は、農作物をつくり続けなければいけない。とはいえ、「子孫にスムーズに農地を受け継いでいく」というのは、実はやっかいな風習でもある。

子どもがひとりだけなら、問題はない。もし複数いた場合は、分割して相続する必要がある。当然、ひとり頭に割り振られる農地は、狭くなってしまう。それでは、農業を営むにしても効率が悪いから、相続先はひとりとしたほうがいい。

そのような背景もあって、「長男至上主義」という概念が当たり前の社会通念として広まった。「男子がいない家庭の場合、養子縁組をすればいい」という考え方も、常識となっていった。

その結果、長男は「大事な跡継ぎ」として生家に残ることを余儀なくされ、次の子どもたちは、丁稚や女中として奉公に出され、「外で稼ぐ」スタイルが一般的になっていた。つまり、「生まれた順番」で、生き方がほぼ決まってしまったのだ。

もし長男に生まれたら。農業が好き、嫌いにかかわらず、田畑を守るように親から強制されるのだ。

見方を変えれば、そこにはメリットもあった。長子を田畑から離れられなくすることで、農業生産は安定し、順調に拡大していった。

このように、「結婚」なんて「江戸時代から始まった、田畑をキープするための社会制度」でしかない。田畑が激減した現代において、結婚制度に振り回されたり、気にしすぎたりする必要なんてまったくないのだ。

総合的に考えると、「誰とも結婚はせず、自由に恋愛を楽しむ」という道が自分に最も合っている気がするのだ。

もちろん、「生涯、今の配偶者だけと仲良くし続ける」という生き方を望む人は、それで最高だと思う。

ただ、江戸時代からの「田畑を守る」という目的から生まれた「結婚」という社会制度が、令和の今なお続いているという事実には、疑問を感じずにはいられない。ロケットが飛び、ＡＩが開発され、これだけ快適な暮らしができるようになった現代で、なぜ色あせた「社会倫理」だけが存続しつづけているのか、もはや謎である。

簡単に言うと、男性も女性も「結婚制度」に縛られず、好きな人と恋愛を楽しめばいい。女性だって、もし望むのであれば、男性を自由にとっかえひっかえしていい。

経済力に富んだ男性は、多くの女性を囲って、幸せにすればいい。そして、子どもができれば、好きな配分で財産を分与すればいい。

繰り返すが、旧弊な社会制度に、自分の気持ちを曲げてまで付き合うことはない。

多くの人の人生をより幸福にするのが社会制度であるはずだ。社会制度に振り回されすぎては、本末転倒だろう。

もし、「結婚はまだか」なんて親や周囲に急かされたときは、スルーしていればいい。スルーが難しければ理詰めで論破するために、江戸時代の田畑の継承システムのエピソードを持ち出したっていいくらいだ。

本書で書いているように理不尽な社会システムは、結婚制度だけじゃない。

小さなものまで数え上げればきりがないだろう。職場のルール、学校のルール、近隣のルール。もしかして家庭内にも窮屈な決まりが存在するかもしれない。それらすべてにまともに従う必要なんて、ない。読者のみなさんは自分の人生を大切に守ってほしい。

「このシステム、ちょっとおかしい」と感じたら、その直感を大切にする。そして、そのシステムが生まれた歴史を理解することだ。そうすることで既存のシステムに異議を唱えられるようになる。

「古めかしい決まりを現代にそのまま移植することの理不尽さ」が、見えてくるはずだ。自分の考えが正しかったんだ、と納得もできる。

化石のような人種は、いつの時代にも存在する。

どんなときでも言えることだが、ロジカルに異議を唱えること。なんとなく怒っているだけでは、誰も話を聞いてくれない。

感情的に批判をしたり、逆らったりしてみても、現状は何も変わらないのだから。

09

宇宙ビジネスの理不尽さに逆らう

僕が60億円以上を投資している、インターステラテクノロジズ社は、いよいよ観測ロケットの事業化フェーズに入る。

同社がつくったロケットは、「ＭＯＭＯ」と名づけられ、初号機から5号機まで製作、打ち上げられてきた。その歩みを簡潔に振り返ってみよう。

「ＭＯＭＯ初号機」は、打ち上げから約66秒後、ロケットの状況をモニタリングする飛行データ（テレメトリー）が途絶えたため、エンジンを緊急停止。部分的な成功に終わった（２０１７年７月）。「同２号機」は、打ち上げから約４秒後に、落下（２０１８年６月）。

そして、「同３号機」が、「日本の民間ロケットとして、宇宙空間（高度１００km超）に初到達」という快挙を成し遂げた（２０１９年５月）。

その後「同４号機」は、打ち上げ64秒後に異常発生（２０１９年７月）。「同５号機」は、電子機器に不具合が生じて、打ち上げを延期（２０２０年１月）。

トラブルについては原因究明と対策を行い、次の打ち上げにしっかり臨みたいと考えている。

思い返せば同社が設立されたのは2003年のことだが、その3年後の2006年に僕は逮捕されてしまった。勾留中に仲間たちがロケットの設計図を差し入れてくれて、僕は図面を見ながら、「ここを出たら、これをつくろう」と思っていた。それから試行錯誤を繰り返し、ここまでこぎつけた。

特に感慨深いのは、「同5号機」の打ち上げのために、クラウドファンディングを募ったことだ。なんと522名もの人が応援してくれた。おかげで、目標金額900万円を大きく上回る計1028万9064円もの支援が集まった。

僕だけでなく、テスラのイーロン・マスクやアマゾンのジェフ・ベゾスなど、多くのIT起業家が宇宙ビジネスに参入している。物心つく頃には人類が月に行っていた世代だ。子どもの頃、映画やアニメなどで宇宙は身近にあって、将来、人類はどんどん宇宙に行っているものだと思っていたのに、結局そうはならず、見回しても誰も宇宙ビジネスをやっていない。「お金もできたし、じゃあ、自分でやるか」という感じなのだろう。

今の宇宙ビジネスは、かつてのITビジネス草創期から黎明期の雰囲気がある。孫正義さんが2001年にADSLを無料配布したようなことを、僕はロケット事業で実現したい。インターネット事業は元々、電電公社のような国営企業が独占していたが、通信の自由化によって民間企業が続々参入してきて、今や多くのビジネスが花開いている。これと同じことを宇宙産業でやろうと僕は考えている。

ところが、宇宙産業はITビジネスと比べるとスピード感がとてつもなく遅い。その理由は宇宙産業のほとんどが公共事業と化してしまって、産業回りの人たちの財布を潤すためだけに存在するようになっているからだ。いつまで経っても国が関与を緩めないからビジネスの展開も全然進まない。

明治の日本も最初は国が様々な産業を立ち上げたが、やがてそれらは民間に払い下げられて健全な競争が進み、産業の規模が大きくなっていった。

しかし、宇宙産業は、ずっと国の関与が続いたままで、決まった予算を消化するだけだから、コストを下げるモチベーションが生まれず、産業の裾野が広がらない。こうしたことは新規参入が事実上認められない放送や電力など他のビジネスでもあることだ。

日本の宇宙産業もこれをなんとかしなければ未来はない。多くの人が、宇宙に行けるのは宇宙飛行士になるエリートか大金持ちに決まっているという固定観念に縛られているが、僕は誰もが気軽に宇宙に行けるようにするべき、だと思っている。

実は宇宙ロケットに使うエンジンの技術なんて、１９６０年代に確立された古い技術で十分なのだ。コストは低いし、間違いもない。ウチのロケットはいわば「Ｆ１」ではなく「スーパーカブ」で、宇宙に荷物を運ぶだけなら、それで事足りる。

飛行機のようにスーパーカブのロケットが毎日飛び立つようになれば、宇宙にどんどん人や機材を安く簡単に運べるようになり、それを利用しようというビジネスが爆発的に増えるだろう。そういう未来を実現したい。

そして、実は日本には、宇宙産業で世界一になるポテンシャルがある。

その理由のひとつは、地理的な条件。ロケットというのは基本的に東か南に向けて打ち上げる。東に上げるのは、地球の自転と同じ方向に打ち上げれば加速を得られやすいからで、南に上げるのは、観測衛星に適した縦方向の極軌道に衛星を投入したいから。だから、東側に海のないヨーロッパは、南米大陸の東側にあるフランス領ギアナの宇宙基地からロケットを上げるしかない。インターステラが拠点を構える、北海道の大樹町は東と南、どちらの方向への打ち上げにも対応できる。

もうひとつの理由は、日本の産業の裾野の広さにある。ロケットの部品というのは、ジャイロセンサーとか炭素繊維強化プラスチックとか、軍事転用できるものばかり。だから、宇宙ビジネスの最先端を走っているアメリカの会社と取り引きしようとしても、貿易規制に引っ掛ってしまい、調達が難しい。

日本は、素材からエレクトロニクス、工作機械などコンパクトな国内にすべて揃っているし、技術力も高い。全国に網羅された輸送ネットワークも申し分ない。部品を国内で全部、揃えられるというのは大きなアドバンテージだ。だから、「なぜ日本でロケット?」ではなくて、「日本だからこそロケット」なのだ。こうした潜在力をうまく使っていけば、日本は宇宙産業でアメリカを凌ぐ世界一になれるはずだ。

今は黎明期の日本の宇宙産業だが、いずれ必ず花開くときがやってくる。自分が本当にやりたいこと、意義があることであれば、理不尽な状況に逆らってでも実現しよう。今の僕のように困難な状況だからこそ大きなチャンスがあるのだ。そして、こうしたことは、何も宇宙ビジネスに限ったことではなく、身近なビジネスでもあることだ。多くの人にそのことに気づいてほしい。

10

既存のシステムに抗え

2019年5月頃から、不登校の小学生ユーチューバー、ゆたぼんくんがネット上で論争になるようになった。

ゆたぼんくんによれば、2017年、通っていた小学校で宿題をしていなかったことで担任教師とトラブルになり、不登校を決意。ゆたぼんくんは、「先生は叩いたのに叩いてないと嘘をついたから、行きたくなくなった」「なんで不登校になったかというと、周りの子たちがロボットに見えたからです」と主張している。ユーチューブでゆたぼんくんは、「不登校は不幸じゃない」「俺が自由な世界をつくる」「いやいや学校へ行ってる子たちのほうが不幸だと思う」などとメッセージを発信し続けている。

ネット上ではゆたぼんくんに対して懐疑的な見方をしている人がほとんどだが、僕は小学生だろうが誰だろうが「人それぞれじゃん」という感想しかない。しかし、ひとつ言えるのは、もし僕が今の時代に小学生だったら、確実に学校に行ってないということ。

当時はスマホもネットもなかったから学校に行くしかなかったが、正直、あんなにつまらない場所にスマホとネットがある時代に通わされるというのは、刑務所に通わされているのと同じようなものだ。僕らの頃はそれしか選択肢がなかったからまだ良かったが、今はスマホもネットもあるから、「ここはつまらない場所だ」ということが分かるだけに、つらい思いをさせられているのではないだろうか。

生きていくために学校に通って勉強をしなければならないという意見もあるだろうが、中学を卒業したら社会人になる人と大学まで行く人が同じ教室に詰め込まれて一律に同じ授業を聞かされるというのは土台無理な話だ。今だったら、スマホとネットを活用して、一人ひとりに合った理想的な教育ができる。

そもそも勉強が嫌いならする必要はない。九九を覚えなくたって計算機でやればいいだけの話だ。多くの人は相対性理論を知らないが、スマホでGPS機能を使ってグーグルマップを使いこなしているのと同じことだ。

社会性を身につけるために学校に通うべきだという人もいるだろう。だが、スマホとネットがある今、無作為に集められた雑多な人間と交流して社会性を養う必要があるのだろうか。当然、気の合わない人間もいるだろうし、それでいじめられて一生続く心の傷を負ってしまって人生が台なしになったら、本末転倒である。

　スマホとネットがあれば、学校に行かなくても友達は見つかる。気の合う友達同士であれば、子どもはのびのびと育つだろう。

　学校というのは会社の言うことを聞くサラリーマンを養成するための場所として機能してきたと思うが、社会はどんどん変化してきて、今やそういった人材は求められていない。需要がないのになぜ続いているのかというと、単に惰性でやっているからだろう。先生も親もそういうものだと思っているから、誰も変えようとしない。僕としてはどう変えるかというより、そもそもいらないという立場だが。

　あとは親の立場として、学校に行かない子どもを許すのか、許せるのか、といった議論もされているようだが、許すも何も僕は「親は子どもの行動を制限する権限など持っていない」と思っている。「親ができることは子どもの経済的なニーズに応えることのみ」というのが持論だ。

このように現代社会で生きるには、今当然のものとして受け入れられているものを「本当に必要なのか？」と疑う力、そして、「そんなものいらない」と既存のシステムに抗う力こそが必要なのだ。

11

「不満」は正しく言えばいい

一昔前、日本の動画配信サービスといえばニコニコ動画が真っ先に挙がったが、本格的な動画時代を迎えてからは苦戦が伝えられていた。ドワンゴ創業者の川上量生さんが業績悪化の責任をとって社長を辞任し、NTTドコモ出身の夏野剛さんが社長を引き継いだのが2019年2月。

夏野さんは、iモードドコンテンツなどで培ってきたドコモ時代のノウハウで「ニコニコ動画」にプレミアム会員を導入して黒字化させたわけで、その手腕が期待されていた。

そしてここにきて、企業や個人クリエイターが動画・生放送・記事などを配信できるサービス「ニコニコチャンネル」の有料会員数が2019年3月期に100万人を突破したと発表された。この影響でドワンゴはひとまず赤字から脱却した。ユーザーからは「オワコン」との声も挙がっていたぐらいだから、夏野さんもひとまず面目躍如といったところか。

ニコニコチャンネルでいちばん有名なのは、メンタリストDaiGoくんが運営しているチャンネルで、「入り口はユーチューブでいい、その視聴者の中で、優秀な人をサブスクリプションに誘導するのが良い戦略。それが日本でできるのはニコニコチャンネルだけだと思う」と評し会員を順調に増やしていき、現在の会員数は13万人を突破している（月額550円）。これはぶっちぎりの数字だそう。

では、DaiGoくんのようなスターが次々現れれば、ドワンゴも安泰かというと、僕にはまだまだ改善点が多いように見える。

ニコニコチャンネルは、僕も見たことがあるが、はっきり言って使いにくいのだ。サイトの設計がPCの思考から脱却できておらず、スマホシフトに乗り遅れている。みなさんもそう感じないだろうか。コスト構造という面でも、抜本的にシステム移行しないと大幅には改善しないと思う。

夏野さんは先の記者発表で「DaiGoさんが望む機能はすべて実装する」と息巻いていたが、機能以前にシステム移行が先決な気がする。

夏野さんにはこういったユーザーの「生の声」をしっかり受け止めてほしい。「不便さへの不満」ほどサービスを向上させる原動力となるものはない。

どんなサービスにも言えるが、ユーザーが正しい「不満」を明確に伝えることは必要だし、受け取る側も、その「不満」をパワーに変えてどんどんサービス、さらには社会や生活を良くしていこうとする気持ちが大切だ。

もちろん、ただのいちゃもんや言いがかりは問題外だが、ユーザー側、サービスを提供する側の双方が「不満」と誠実に向き合うことで、より僕らの生活はラクになるし、生きやすい世の中に変わっていく。こういった建設的な議論だらけの社会になればいいなと常々思う。

ネットの世界は多くの分野で日本勢がアメリカ勢に苦杯をなめさせられているだけに夏野さんには期待したい。夏野社長のお手並み拝見！

12 練習至上主義に迎合するな

「欧米人は結果重視であるが、日本人は非常に過程重視な国民である」と言われることがある。

仕事においても成果よりも、残業をどれくらいこなしたかということが武勇伝になるなど、「頑張り」が評価されやすい傾向がある。

また、スポーツで言えば、「たとえ怪我をしていても、練習や試合をしている」という姿勢を見せることが評価され、美学にすらなっている。学校のクラブ活動も同様で、センスよりも練習が重視され、水を飲んではいけないとか、過酷なうさぎ跳びや無謀な走り込みをするなどの非科学的な根性主義がはびこってきた。

僕はそうした日本の練習至上主義がことのほか嫌いだ。特に純粋な「レジャー」の世界で練習など必要はない。レジャーは楽しければそれでいいのであって、結果すら期待されないのだから、なおさらのことだ。

僕は2013年からトライアスロンに挑戦し続けているが、実は練習はまったくやっていない。むしろ、練習は危険だからしないほうがいいとすら思っている。特に自転車は、公道で走るととても危険だ。本番は交通規制をしていて自動車はコースに入ってこないから、危険性は低いが、公道で練習中に事故死を起こすというケースが多い。だから、僕は練習をしない。

そう言うと、驚かれることが多いのだが、「練習をしなくてはいけない」というのは義務教育の弊害である。

学校では宿題でドリルとかをやらされるが、センスのある奴はあんな単純作業をする必要はないのだ。だが、テストの点だけ良くても、練習や努力が必要だと思い込んでいる教師は納得しない。

僕にとってのトライアスロンというのは、完走できればそれでいいのであって、タイムは競っていない。トライアスロンが終わった後に仲間とおいしいご飯を食べてお酒を飲むのがとにかく楽しいのだ。レース中は、とにかくつらいが、その分、完走できると達成感があって、飲み会の喜びもひとしおとなる。それだけのためにやるのだから、練習は不要。毎回、ぶっつけ本番である。

僕は高校時代、長距離を自転車通学していたから、自転車は得意。練習しなくてもトライアスロンは3時間以内にはゴールできるから問題ない。タイムを良くしようとすると、減量はしなきゃいけないし、お酒も節制しないといけない。だが、それは僕にとっては全然、楽しいことではない。

頑張ったところでトライアスロン命でやってきている速い奴には、どうせ敵わない。

僕は他にもいろいろやりたいことがあるから、トライアスロンだけに集中するわけにはいかないのだ。

ただ、基本的な運動自体は日常的にやっている。

朝起きたら、「タバタ式トレーニング」というのをやる。これは立命館大学の田畑泉教授が考案したトレーニング方法で、20秒間の強度の高い運動と10秒間の休息、あるいは負荷の軽い運動を1ラウンドとして、それを6〜8ラウンド繰り返すというもの。

また、週に1回ぐらいジムで筋トレ。キックボクシングも週1回。ゴルフも月に数回は行くし、年1回程度アドベンチャーレースなど、ハードなものにも挑戦している。

だから、普通の人より何倍も運動しているはずだ。

僕のことを「肉ばっかり食べていて太っていて不健康」と勝手に思っている人も多いと思うが、普段から運動をしているから、きわめて健康的なのだ。ただ、そういうアピールはしていないから、トライアスロンのラン（長距離走）で僕が他の参加者を追い抜くとみんな驚く。

人間は体が資本だから、それなりの筋力や持久力は必要だ。だから、僕は練習はしないが、運動自体は続けている。

自分が楽しむためのスポーツなら、「練習が必要」という思い込みに、踊らされないでいい。別に自分が納得して楽しめていればそれでいいのだ。あとは、他人に練習を強要しないこと。練習を強要されたら、他人のことはほっとけ、と言ってやればいい。

13

切り取られた一言にだまされるな

マスコミの「切り取り」報道にだまされてはいけない。

２０１９年2月12日、競泳の池江璃花子選手がツイッターで白血病を公表した。これについて当時、東京オリンピック・パラリンピック競技大会担当大臣を務めていた桜田義孝氏が「本当にがっかりしている」とコメントしたことが報道で伝えられ、ネット上で「ひどい」「選手はメダルを取るための駒ではない」などと批判が殺到した。

僕はこの騒動について桜田氏の発言全文を掲載したネットニュースを引用リツイートし、「マジでマスコミくそ。」と投稿した。

桜田氏と記者団のやり取りは次のようなものだった。

桜田氏は、まず、「びっくりした。病気のことなので、早く治療に専念していただいて、一日も早く元気な姿になって戻ってもらいたいというのが、私の率直な気持ちだ」と話した。

そして、記者から「競泳の中でも有力な選手だ」と言われて、「金メダル候補で、日本が本当に期待している選手だから、本当にがっかりしている。早く治療に専念していただいて、また元気な姿を見たい」と。ここに件の発言がある。

続いて、「これまで池江選手の活躍をどう見てきたか？」と質問され、桜田氏は「日本が誇るべきスポーツ選手だ。（中略）ひとりリードする選手がいると、全体が盛り上がる。そうした盛り上がりが若干、下火にならないか、ちょっと心配している。我々、一生懸命頑張って、いろんな環境整備をやる。とにかく治療に専念して、元気な姿を見せていただいて、またスポーツ界の花形として、頑張っていただきたいというのが私の考えだ」とコメントする。

さらに「池江選手にエールを送るとしたら？」と聞かれ、「とにかく治療を最優先して、元気な姿を見たい。また頑張っている姿を期待している」と。

このように桜田氏が何度も強調したのは、「治療に専念してもらって、元気な姿を見たい」ということだ。

コメントの全文を読んでみれば、その大半は池江選手の病状を心配し勇気づける内容である。本当に心配しているんだなと分かるのに、報道では「がっかりした」という一部分だけを切り取っているものだから、それしか言っておらず、本当にひどい人であるかのような印象を与えているが、実際には記者が「競泳の中でも有力な選手だ」と言うから、一言「がっかり」が出ただけのことだ。どこを切り取られても大丈夫なように、一分の隙きもない答弁をすることは、なかなかできることではない。

こうしたマスコミによる悪意ある切り取り報道は僕自身、散々経験したことだ。ライブドア時代は特にひどくて、反論する機会もなかったから、あたかも金の亡者のような誤解を世間に与えてしまって、逮捕されるまでいってしまった。今はツイッターが普及してメディアの民主化が進み、双方向になっているから、何かあればすぐ反論できるし、今回、僕がやったように誰かが間違いを指摘してくれることもあるだろう。

ニュースを受け取る側も、内容が極端だなと思ったら、恣意的につくられた情報ではないかと疑い、ＳＮＳなどで本人や周辺のコメントを確認するクセをつけたほうがいい。

マスコミの報道だけでなく、ビジネスでも友達関係でもちょっとした一言が切り取られて独り歩きすることはあるから、そんなときは「まっいいか」「大したことじゃないし」とならずに、すぐに反論するべきだ。ただし、単に感情的に怒ってしまったら問題がこじれるばかりなので、根拠を示してきちんと釈明しよう。

14

面倒なことはコスパがいい

僕に寄せられる相談のひとつに「どうすれば、成功できますか?」という、なんともざっくりしたものがある。もちろんこんな相談にいちいち答えている暇はないし、答えようにも具体性が乏しすぎて、答えられない。

当然、そんな質問をしてくるのだから、今のところ大きな実績や結果を残せているわけではない。

だが、そういう〝ザコキャラ〟に限って、難しいことをしたがる。

たとえば、何かサービスやモノを売りたいとき、「堀江さんみたいに、一度テレビに出ることができれば(宣伝できれば)、売れると思うんですけど……」なんて言ってくる人もいるが、当然、一般人がテレビに出るのは簡単なことではない(しかも今は、テレビで宣伝したからって売れるとは限らない)。

すごく高価な性能のいい戦闘機を使って爆撃をすれば一網打尽だと思い込んでいて、どんな戦闘機を使えばいいのか僕に聞きたがってくるのだ。面倒な手間をショートカットした空中戦の方法を聞いてくる人がほとんどだ。

そんな人には怒りを通り越して、あきれてしまう。

そんなカッコいい方法というのは実はなくて、僕がやっていることのほとんどは地味で面倒くさいことの積み重ねである。

だから、冒頭の質問に答えるとしたら、「面倒くさいことを積み重ねるしかない」となる。

たとえば、「毎日ブログを書く」というルールを自分に課すだけでもいい。1日10分とか15分で構わないから簡単といえば簡単だが、それを毎日続けるのは結構、面倒なことだ。だが、続けているうちに楽しくなってきて、それが習慣になればこっちのものだ。そして何年も続けていると、身につくものは少なくない。あるとき、書いたブログが妙にアクセス数が増えていることに気づいて、「あっ、こういうのが受けるんだ」ということが分かる。それが積み重なっていくと、大きな財産となる。別にブログでなくても構わないから、毎日、やるべきことを決めてそれを実践し続けることが重要だ。

また、僕は「ホリエモン万博」やミュージカルなどのイベントをよくやるのだが、開始間際になって思ったよりチケットがはけていないという問題が発生するときがある。スタッフが慌てて僕に報告して、告知などを頼んでくるのだ。演目の内容には自信があるから、需要があって売れるはずなのだが、現実には売れ残っている。その理由は、単にみんながそのイベントの存在を知らないだけなのだ。ではそんなとき、どうすればよいのかというと、こちらからいろんな人に働きかけて売るしかない。

知り合いや友達など、50人以上に毎日、SMSでメッセージを送って、「チケットを買ってください」とお願いする。その甲斐あってか、これを1カ月程度続けると、それなりに売れるのだ。面倒かもしれないが、これがいちばん確実で効果的だ。

「SHOWROOM」を手掛けている起業家の前田裕二くんとそんな話をしていたとき、彼はこんなふうに言っていた。

「面倒なことのほうがコスパが良いということをみんな知らない。面倒であればあるほど競争相手が少ないから結局、ROI（費用対効果）が良くなってくるんです」

前田くんは、僕から書店回りの重要性を教わったと言ってくれた。実際、2018年に『メモの魔力』(幻冬舎)を出した際、書店回りを精力的に行い、ベストセラーとなり、現在までに50万部も売れている。

一軒一軒書店を回って、写真撮影をして本にサインをするのは時間も拘束されかなり労力のいる作業だ。だから、これをやる著者はかなり少ないのだが、僕は、以前、『ゼロ』(ダイヤモンド社)を出したときに、かなり書店回りに力を入れてベストセラーにしたという経験がある。

書店回りというのは、口で言うより大変だ。だが1回やると、その効果が数年間、持続するということを実感している。僕が書店回りをしたのは『ゼロ』を出した2013年頃のことだが、これがベストセラーになったおかげで、「ホリエモンの本は売れる」というのが書店の中で定着し、継続的に僕の本が良い棚に置かれるようになった。読むほうも僕の本を書店で手に取るのが習慣化し、以降の本もずっと売れ続けるようになった。

何かをやり遂げようとするときに、多くの人は一発で劇的に何かが変わるような方法ばかりに目を向け、考えようとする。

そういったアイデアが必要なときもあるだろうが、ほとんどの場合、誰もがやりたがらない面倒なことこそ、最も現実的で勝率の高い方法なのである。

いろいろな選択肢が頭に浮かぶと思うが、多くの人は面倒なことはやりたくないから無意識のうちに選択肢から外してしまいがちだ。だが、これはもったいないし愚かな行為だ。知らず知らずのうちに自分で自分の人生を邪魔してはいけない。面倒なことこそコスパがよく、成功への最短距離の道なのだ。

第3章

怒ることで、世の中を変える

人生をラクにするために

15

怒りをもとに
ウィン-ウィンの関係に

世の中には多くの人が何も考えず従っている「謎ルール」というものが存在する。

僕が問題提起して話題になったもののひとつに、新幹線で「席、倒していいですか?」と確認する、というものがある。トラブルになるのを避けようと事前確認をとっているつもりなのだろうが、そうやってなんでもかんでも保険をかけようとすることがおかしい。席は倒れるようになっているのだから倒すのに許可はいらない。僕は集中しているときに意味もなく話しかけられたくないのである。この話題により、明らかに確認してくる人が減ったから、これは言って良かったなと思う。

同様に、タクシーで行き先を告げると「ルートはどういたしましょうか」といちいちこちらに確認してくる運転手がいる。これも先に確認をとっておいて保険をかけておきたいのだろうが、「六本木から西麻布に行くのにルートなんてひとつしかないだろう」と思ってしまう。最短ルートで目的地まで客を連れていくのが彼らの仕事だろうに、なぜ僕が道順までレクチャーしなければならないのだろうか。

タクシーというのは、運が悪いと本当にダメな運転手にあたってしまうから、そのたびに僕はツイッターで怒っている。住所を口頭で確認しているのに、カーナビの操作をミスって全然違う場所で降ろされたこともあるし、変なところで降ろされて寒空の中、30分も歩かされたこともあった。あるときなどは行き先の住所を告げると、運転手が「覚えられへん！」となぜかキレはじめ、警察に110番通報までされたこともあった。

「スマホやカーナビで場所を説明すれば？」と思われるかもしれないが、運転手が老眼でスマホの画面を見られないということもあるし、カーナビを使えない運転手もいる。そもそも客にナビをさせるのはサービスとして問題だ。タクシーに乗せてくれるのはまだマシなほうで、僕が手を挙げるのを見て「空車」から「回送」に切り替えて乗車拒否をしてくる悪質な運転手もいた。

なぜこのような問題が起こるのかというと、タクシー業界が免許制度で守られているからだ。質の低い運転手でもいったん免許をとれば、相当ひどいことでもしない限り生き残れてしまう。飲食店などは食べログで点数評価されるから、ダメな店はあっという間に潰れてしまうが、それと同じような仕組みを導入すればいい。つまり、自家用車で運送サービスを行えるウーバーのようなライドシェアを合法化すれば一気に解決されるのだ。

欧米で普及している、ライドシェアを利用できる配車アプリのウーバーは、相互評価で毎回レビューするようになっているから、おかしな運転手や客はすぐにスコアが下がって淘汰される。ウーバーが面白いのは、客も評価されるところで、悪質な客も評価が下がるようになれば、客も運転手もお互い気持ちよく移動できて社会が良くなる。

問題のあるタクシー運転手は評価されるのを嫌がるだろうが、まともにやっている人はもっと稼げるようになるだろう。アメリカでは冷えたペットボトルの水を無償で渡してくれるウーバーの運転手もいるそうで、競争原理によってサービスが向上している。

このようにいいこと尽くめのライドシェアだが、日本ではまだ導入されていない。理由はタクシー業界のロビイング活動が強烈だからだ。

免許制度を撤廃して、ユーザーの怒り、要望、希望をダイレクトに反映してサービスの向上を図れる仕組みを導入できれば、業者も客もウィン-ウィンとなるケースはかなり多いはずだ。

16

資格制度の罠にはまるな

続けて、免許・資格の「くだらなさ」について掘り下げてみよう。

教員免許や弁護士、税理士など、これまでの社会なら持っているだけでメシが食えてしまうという資格もあるが、そのイメージを利用して「持っている必要はないのに、資格制度があって、それなりに威光があるように見える」という資格が世の中にはたくさんある。

たとえば、調理師免許。調理師免許がなければ料理人として働けないということはない。調理師と名乗れなくても、「料理人」と名乗ったり、「シェフ」として活動したりすることはできるから、調理師免許を取得する必要はないのだ。

ところが、多くの若者は「料理の仕事をするには調理師の免許が必要だ」と思い込み、専門学校に行っている。調理師免許は、調理師試験に合格する以外に、厚生労働大臣が指定した調理師養成施設を卒業した者に無試験で与えられるから、専門学校に通うのが確実というわけだ。そんなわけで、多くの専門学校が「卒業と同時に調理師免許取得」などとうたって生徒を募集していて、学費は年間100万円とか200万円ぐらいで下手な大学よりよほど高い。

しかし、生徒としてやってくる、都会に出てきたばかりの地方出身者は、「遊び」を覚えると学校にまじめに通わなくなるから何割かは必ずフェードアウトして行かなくなる。だから専門学校ビジネスは歩留まりが良く、メチャクチャ儲かるのだ。それもこれも、みんなが「調理師免許がなければ料理人として働けない」という「常識」を信じているからである。

実際にはスーパーで買ってきた食材で誰でも料理はできるし、それを客に提供するのに免許は必要ない。食品衛生責任者を選任する必要があるが、講習を受ければ誰でもなれる。言ってしまえば、専門学校を卒業するための軍資金として500万円があって自信があれば、居抜き物件を借りて今すぐにでも自分の店をオープンしたほうが時間も費用も節約できる。

プロのミュージシャンだって、ギターの専門学校出身の成功者なんてほとんどいない。100万円も払って専門学校に行く余裕があったら、ギブソンのギターでも買って独学で今すぐにでも練習を始めたほうがいい。漢検、英検、行政書士、秘書検定、野菜ソムリエ、日本茶インストラクターなど、いろいろな資格があるが、そうしたライセンス制度をつくりたがる連中は、何かと名目をつけて受講者、受験者からカネを巻き上げたいだけなのだ。免許や資格など、なくなってしまったほうが世の中のためになるのである。

保育士や介護士もしかり。その不足が社会問題になってはいるが、解決策のひとつとして資格を廃止してしまえばいい、と僕は考えている。こうした職場はただでさえ給料が安くて担い手がいないのに、参入のハードルを無駄に上げてどうするのだろうか。

理容師はヒゲ剃りをしてもOKだが、美容師はヒゲ剃りNGという謎ルールも問題だ。結局、既得権者の保護にしかなっていない。

「資格信者」になってはいけない。不条理な罠にはまらないでほしい。何かやりたいことがあれば、ほとんどの場合、あなたに必要なのは、「免許や資格」ではなく、「経験」だ。

実践的な経験を貯め、時に失敗するほうが、どんなムダ資格をとることより、意味のあることだし、自由な人生への最短距離だと言えるのだ。

17

怒ることで新しいアイデアが見えてくる

2014年、僕はそれまで家賃を払って入居していた六本木ヒルズレジデンスから追い出された。2013年3月に長野刑務所から仮釈放され、シャバに出たのだが、「前科者」になったため、暴力団対策の関係上、住めなくなってしまったのだ。

ただし、これによって僕は新しい生活を送るようになった。定住することをやめ、ホテルを転々とするようになったのだ。

考えてみれば、定住をする必要がないのだ。もともと僕は物欲がないほうだったが、それでも六本木ヒルズに住んでいた頃はマンガとか小物とか、それなりに物を持っていた。ところが、そのほとんどは捨てても問題ないものばかり。必要なものはスーツケースひとつに収まるから、ホテル暮らしでも何も問題はない。それどころか、ホテルに住んでいると、自然と荷物が増えないから生活が最適化されてきて快適だ。所有欲の縛りから解放されて、本当に必要なものが分かるようになる。要は「自分がどんな価値観を持っているか」に自然と気づけるようになるのだ。

早いとこ日本全体が「定住スタイル」から「自由に移動しながら快適に暮らすスタイル」に変わっていけばいいのにと思う。

ただし、実際に住んでみるとホテルには不満もたくさんある。「ドリンクのチェックに来ました」とか「清掃に来ました」とかで、1日に何度もピンポンを押されるのだ。部屋で仕事をしていると、ピンポンが鳴るのが超絶うっとうしいのである。ホテルという世界は、ＩＴを使うという発想がまるでないのだ。部屋のメンテナンスぐらい、全部スマホでやらせてほしいと思う。

サービスは過剰なのに、本当に必要なものに限ってなかったりするという問題もある。たとえばラグジュアリーホテルだと、非常にオーバースペックな朝食は用意されているのだが、時間がないときは食べられない。オーダーも電話でしなければならないから、面倒でもある。

僕は食にこだわるほうだが、朝食なんて短時間で腹を満たせればいいときもあって、そんなときはコンビニで売っている300円のサラダで全然いい。ところが、ラグジュアリーホテルには絶対、コンビニがないのだ。その代わりに高級ブランド店はたくさんあるのだが、「ホテルで高級時計なんて買う奴いるのか？」と思う。

また、ホテルというとテレビの設定画面がオリジナルの仕様になっていることが多いのだが、これが本当に使いにくい。とりあえず、利用者の多いアップルTVとかファイアTVスティックを置いておけば、それでいいのだが……。他にもドライヤーが、やたらと見つけにくいところに置いてあるとか、ラウンジの演奏がうるさいとか、細かく挙げていくと切りがない。

つまり、ブランドイメージを守るためにユーザーの利便性を犠牲にしているところが、今のラグジュアリーホテルの時代遅れで痛いところなのだ。

とはいえ、既存のホテルに対する不満を並べて、こうやって怒ってみることで、僕が理想とするホテル像が輪郭を帯びてくる。逆のことを考えればいいだけだから、新しいアイデアは次々と出てくる。僕と同じようにホテルに不満を持っている人はたくさんいるはずだ。いっそのこと、自分でホテルを手掛けてみようかという気にもなってくる。

ラグジュアリーホテルというと、伝統と格式が重んじられ、ユーザーはそれをありがたがる傾向がある。

だが、時代は常に変わり続け、人々から求められるホテル像も変化している。「歴史があるサービスだから」と諦めず、既存の常識から自由になっていいし、なるべきだ。

18

改革する気がない業界にビジネスチャンスが眠っている

医療費の膨張が止まらない。

２０１８年の医療費の総額は約42兆６０００億円。国は薬価の引き下げや後発薬の普及を推進しているが、高齢化や治療技術の高度化など構造的な問題があるから焼け石に水だ。

そこで僕が近年、力を入れているのが予防医療の啓蒙活動である。

病気になってからでは、遅いのだ。

病気になるのを未然に防ぐことができれば、医療費の拡大に歯止めをかけられるのではないか。生命保険に大金をかけるなら、予防にお金をかけるべきだと思う。実際、一部の病気については、予防医療が効果的だ。

だが、ほとんどの医者は病気に興味があって予防医療に興味がないのだ。医者は大学などで病気のことしか習わず、病気を治すことこそがかっこいいという風習があって、予防医療は傍流だった。

そこで僕は知人の医者や経営者などとともに２０１６年に予防医療普及協会を設立し、胃がんや肝臓がん、子宮頸がん、歯周病などの予防啓蒙活動を展開している。

そんなわけで僕は医療業界についても関心を持ってきたのだが、既存の医療業界には改革をする気がないことに腹を立てている。

もちろん、医者は医学の知識は豊富に持っているが、経営やITのことが分かる人がいない。大学医局は、年功序列のヒエラルキーのあるギルドになっていて、横のつながりがないし、医者の言うことしか聞かない医者ばかり。僕もこの業界には「素人は入ってくるな」みたいな雰囲気をひしひしと感じている。

医療は人の命に関わることだから、医者の免許を取るのはとても難しい。だが、単に職業としての医者は、医学の知識しかない職人にすぎない。医療技術はどんどん進歩していている一方で、ビジネスとしての医療業界は課題だらけなのだ。

たとえば、カルテの共有化。以前、腎臓結石を破砕する手術を受けたとき、事前に系列の病院でMRIやCTを受診したのに、オペをする病院でまた受けさせられたことがあった。「データを持っていけばいいのに」と言っても、ダメだと言われ、半日かけて順番待ちをさせられて不愉快だった。

世間ではビッグデータの話題でもちきりなのに、医療業界では同じ医療法人ですらデータを共有しないのだから、時間が無駄だし、効率が悪すぎる。

ただし、最近は新たなテクノロジーを取り入れた新しい病院が出現した。糖尿病の専門医で医療スタートアップ、リンクウェルの金子和真氏が展開しているクリニックフォアだ。オンラインで予約がとれて、キャッシュレスで支払いができ、カルテはオンラインで共有化されるから、医者は院内だけでなく自宅にいても確認できる。すでに東京の田町、新橋、飯田橋に開院し、今後も続々とクリニックの数を増やしていくという。

クリニックフォアは、若い患者が多いという特徴がある。日本には約10万のクリニックがあるが、95%が個人経営のクリニックで、開業医の約80%が50歳以上、患者の75%以上も50歳以上。つまり高齢の医者による高齢患者向けのサービスになっているのが今の医療業界だから、クリニックフォアのように新しい試みをしようという病院はこれまでほとんどなかった。

僕が力を入れている予防医療の分野は若い人を対象としているから、やはりITを取り入れた効率的な病院の必要性をひしひしと感じる。実は、予防医療普及協会でも予防専門のクリニックをつくろうという構想があって、僕自身クリニックの経営にとても興味があるのだ。

もちろん僕は医者ではないから、医学知識では医者に負けるが、経営には自信がある。医療業界というのは、経営が分かる人が少ないのだ。

大学の医学部でも経営コースみたいなカリキュラムを取り入れるべきだと思う。どんなに優秀な医者でも、B/S（貸借対照表）やP/L（損益計算書）が分かる人は少ない。医学部の学生が優秀なのは間違いないから、1単位くらい病院経営の授業を入れれば、すぐに勘所を押さえられるだろう。

どんな業界でも、イノベーションは日々必要だ。逆に言えば、改革する気がない業界にこそ、ビジネスチャンスが眠っている。

19

「搾取の構造」に自ら近づかない

先に僕は自転車が危険だと述べたが、その危険な自転車を使うフードデリバリーの仕事がある。日本ではライドシェアのウーバーは禁止されているが、飲食店の宅配代行サービスのウーバーイーツは営業が行われている。街中で「Uber Eats」と書かれたリュックを背負った者が自転車を漕ぐ姿もすでに日常の光景だ。スマホなどでユーザーが飲食店のメニューを見て注文すると、配達員が料理を運んでくれる。

ユーザーから見ると、とても便利なサービスなのは間違いない。配達員としても、それなりに稼げるようで、1回の配達の給料は平均550円ほどで1件15～20分くらいで配達できるので時給1600円程度稼ぐこともできるという。配達依頼が多いのは、平日のオフィス街のランチタイムだが、当然、交通量が多いので危険である。

アメリカではこの手のサービスがウーバーイーツ以外にもたくさんあって、配達員も大量にいる。配達員は、複数のアプリから入る通知をにらみながら、できるだけ多くの注文をこなそうと必死になっている。稼ぎは完全に運任せで、最低賃金の保証もないが、参入者が増えているために基本給は下がり続けているという。

稼ぐためには、より多くの注文をさばく必要がある。そのために必死で自転車を漕がなければならない。勢い、スピードを出しすぎたり、交通ルールを無視するなどして事故に遭うリスクが高まる。雨の日は報酬が増えるが、路面が滑りやすく事故の危険性も高まる。2018年、アメリカでは、配達員の3分の1近くが仕事中の怪我で休職したという。中には死亡事故もあるという。

つまり、フードデリバリーサービスの配達員はリスクと引き換えに収入を得ているのだ。稼げるといっても、日本の場合、1日10時間働いて8000〜2万円程度というから、僕からすると完全に割に合わない仕事だ。日本でもランチタイムの休憩時間を使って副業的にやる人もいるというから、「わざわざ自転車で公道を走るなんて、そんな危険な仕事をよくやるなあ」というのが正直な感想だ。

ちなみに、僕はリスクに対してはかなり敏感なほうだ。タクシーに乗るときも必ず後部座席に座ってシートベルトを着用する。タクシードライバーはこのところ高齢化が進んでいてブレーキとアクセルを踏み間違える事故を起こしたり、運転手がいきなり脳溢血を起こしたりすることだってあるからだ。

インターネットやスマホは多くの新しい産業を生み出したが、負の側面だってある。今、その代表格がフードデリバリーサービスの運転手のような労働者だ。あえてやろうとする人が絶えないのは、スキルなど必要なく、手っ取り早く参入できて、すぐに稼げるからだろう。だが、リスクが覆い隠されていることに気づくべきだ。

割に合わない仕事をよく考えないで、思考停止状態でやってしまう人が後を絶たないのも問題だ。少し考えれば分かると思うのだが。だから報酬も上がらないし、業界全体の質も下がっていく一方だ。

人生も仕事も、主導権を相手ではなく自分が握っておく必要がある。それができれば、あえてリスクの高い「搾取の構造」に近づくことなんてなくなるのだから。

20

既存の権威を頼らない、信じない

なんの役にも立たないのに、大勢の人がありがたがるものがある。それが「権威」だ。

メディア業界にも「権威主義」が漫然とはびこっている。ベテランや上の年代の人たちが権威にすり寄ろうとせっせと勤しんでいると思いきや、むしろ、若手に「権威主義的」なところがあるのが根深い問題だ。

どういうことかというと、地上波テレビや深夜ラジオに出演したり、どんなに公開館数が少なくても映画に出たり、音楽のメジャーレーベルからデビューすることが、ツイッターやユーチューブでたくさんのフォロワーを抱えて稼ぐことより上位だと思っているということ。

確かに既存の芸能事務所の影響力は、オールドメディアに対しては大きいものの、その神通力はネットメディアには及びにくいから、大手の芸能事務所に所属しなくてもネットで有名になって稼ぐことは十分可能だ。それは最近のユーチューバーの活躍ぶりを見れば分かるだろう。

ところが、ほとんどの芸能人はそうした社会構造の変化に疎い。誰も聴いていないような深夜ラジオには頑張って出ようとするのに、ＳＮＳでフォロワーを集めることには消極的なのだ。

　僕は不定期にテレビにも出演しているが、オールドメディアの力のなさを実感している。以前、「ホリエモン祭」というイベントのＰＲを兼ねて久々にテレビやラジオに出演したことがあったが、『サンデージャポン』のようにＳＮＳと連動していて生で見る人も多い番組ならある程度効果はあったものの、全体としてはあまり効果がなかったのが実感だ。しかもこれは数年前の話だから、今の状況はもっと顕著だ。

　電通の調べによると、２０１９年のテレビの広告費（地上波と衛星放送の合計）は１兆８６１２億円だったのに対し、インターネットの広告費は２兆１０４８億円で、インターネットがテレビを初めて上回った。

　加えて、テレビの視聴者層は高齢者や低所得者層が多く、社会的な影響力は視聴率で見える数字ほど大きくはないのだ。

　テレビは制作機能も低下していて、自分たちで面白い人を発掘するだけの力がなくなってきたので、ネットの有名人を出演させることでどうにか場を埋めるようになってきている。

たとえば、ツイッターのフォロワーが多い人に出演してもらえばそのフォロワーが番組を見てくれる可能性も高いため、数字にもつながりやすいし、番組情報をツイートしてもらえれば、ダイレクトな宣伝にもなるだろう。

ひとりで活動してSNSで人気になれば、勝手にテレビからのオファーが来るようになるのだから、無理に芸能事務所に所属してテレビなどへの出演を斡旋してもらう必要はあまりない。

現状でもゴールデンボンバーやモンゴル800など、大手芸能事務所に所属せずとも成功しているアーティストはたくさんいる。事務所に中間搾取される金額も少ないから、大手芸能事務所に所属しているアーティストよりも手元に残るお金の額は大きくなる。

確かにテレビには歴史があるが、今実際に社会を動かし、お金も動いているのはネットである。特に新規参入をする人にとってはネットからタレントを目指したほうが早いと思う。

ただ、そのためには、自分で自分をプロデュースするだけの力が必要になってくるのは言うまでもない。でもそれも、まずは成功者を真似して、考えられる方法しつこく試すことしか道はない。そうすれば自然と「自分はこれだ」という方向性が定まってくるはずだ。

とにかく既存の権威なんて、頼らなくても、信じなくても、可能性は無限にあるということを身をもって分かってほしい。

21

時間の無駄遣いに寛容になるな

少し前、新横浜駅にある銀行のATMの前に大量の行列ができているのを見た。異様な光景だと思った。それで、「未だにATMで振り込みとかやってる人が多いのか、それとも手数料を気にしてのことなのか。並んでる時間のことは気にしないのか」とツイートした。すると意外に反響が大きく、この話題のやり取りで数日間、費やした。

反論リプライには以下のようなものがあった。「別に誰にも迷惑を掛けていないし他人がどうこう言うことはないと思う」「自分にとっていちばん安心できる場所で、そのお金を動かすのがいちばん」「紙ベースで記帳しないとお金が入ってる実感がない」「自分はお札はいつも新札を持ち歩いているので定期的に両替で銀行に並びます！」

だが、ATMの前で突っ立っていて、みんなイライラしないのだろうか。理解に苦しむ。おいしいラーメン屋の行列なら、並ぶ価値もあるだろうが、現金の引き出しや振り込み、記帳なんかで行列に並ぶなんて、僕には考えられない。

政府はキャッシュレスを推進している。すでに銀行取引が電子化され、電子マネーやQRコード決済、仮想通貨などが普及する中で現金の非効率性が社会の重荷になってきたのだ。現金は大量にあるとかさばるし、保管費用もかかる。特にATMにかかる費用は莫大だ。現金は全廃してすべて電子化し、浮いた分をもっと有益なことに使ったほうがよい。

振込はネットでできるし、大手銀行も通帳の有料化を検討しているくらいで、記帳なんかしなくても問題になることはない。現金の引き出しもコンビニのATMで並ばずにできる。手数料はかかるが、並ぶ時間を考えればコンビニのATMを使うべきだ。

人生は有限なのだから、何より大事なのは「自分の時間」である。だから、僕はどうすれば時間を有効に使えるかということを常に考え生きている。

僕は毎日、まず朝起きてシャワーを浴び、歯を磨き、髪を整え、香水をつけ、服を着る。目覚めてから住居としているホテルを出るまでに20分もかからない。都内の移動はすべてマネージャーが運転する車で、後部座席に座ってとにかくスマホを見ている。メルマガの執筆などの仕事や本、漫画、動画など、すべてスマホだ。

仕事をするコツは、小学生の夏休みの宿題みたいに最終日に追い込まれてやるのではなく、どんどん先にやること。また、時間の密度を濃くすることも重要だ。

打ち合わせや会議、インタビュー取材、知人との会食、テレビの生放送の最中だろうと、僕は「隙間時間」があると気づけば、すかさずスマホをチェックし、進行中のプロジェクトの返信をしたり、編集者から送られてきた原稿にコメントしたりする。こうやって同時並行で別の作業をすることで、僕の時間ははるかに有意義なものになる。ライブドア時代からそうやってきたから、それで怒る人なんてもはやいない。

「堀江さんだから、できるんでしょう？」と言う人もいるだろうが、無理のない範囲内で、別のことをやればいいということだ。そういった意識がない人が多すぎるのだから不思議だ。どうしても、銀行のＡＴＭに並ばなければならないという状況であれば、ぼーっと突っ立っていないでスマホを取り出して仕事をしたりニュースを見たりしていればいいのだ。「いかに時間を使わずに多くのモノを生み出せるか」、そして、それを「いかに効率よく世の中に伝えるか」を僕はいつも真剣に考えている。

第4章　なぜ君は怒るのか？

読解力のなさと感情論主義

22

読解力のない人が多すぎる

現代を賢く生きるために必要なのは、読解力である。

この読解力の重要性は近年、ますます高まっている。ネットやスマホでのやり取りの多くが文字ベースだからだ。ところが、読解力のない人は思いのほか多い。ネット上で起きているトラブルの多くは、読み手に読解力がないことに起因しているとさえ言える。

ツイッターでクソリプを返してくる人の言っていることは、そもそも僕が言っていることを理解していない場合がある。ツイッターで炎上するのも、読み手が誤解しているのが原因になっていることが多い。僕が何を言っているのか、真意が理解できていないのだ。文脈も行間も読めないし、文章の構造を理解できていない。

以前から、行間を思いっきり空けてブログを書くのが流行っているのが、常々不思議だった。僕からするとスクロールするのがクソ面倒臭いと思ってしまうのだが、どうやら行間を空けないと「読みにくい」らしい。

大学受験でも国語の現代文が強い者が有利になってくる。国語の中でも現代文は配分も多いし、英語も結局は言葉だから読解力が問われる。日本史や数学にしたって、まず文章があって、それを基礎にして記憶力や思考力が問われるから読解力が必要だ。人としゃべっていても、相手の言うことを理解できなければ話は進まない。

とにかく、「読解力がない人が想像以上に存在している」という事実を認める必要がある。どうしても話が通じない人はいるし、論理的に話しても分かり合えない人はいる。

だから、こうした読解力のギャップを埋めるということが重要になってくる。僕がやっている時事ネタの動画解説に強いニーズがあり、外国映画に吹き替えがあるのもうなずける。読める人にとってはなんてことのない文章でも、苦手な人はかなりいる。

「文章を読むのが苦手な人」にとっては画面いっぱいに文字がある状況は、苦痛以外の何物でもないだろう。とはいえ、そんな人でもニュースや情報はインプットしたい。だから、未だに多くの人がテレビを見ていて、ネットの世界でもユーチューブが存在感を増している。どのような分野でも文章というのは多かれ少なかれあるわけだが、文章を読むのが苦手な人を取り込むことで集客のきっかけをつくれるのではないだろうか。

たとえば、最近、僕が面白いと思ったのが「SpeechNews」というスマホアプリだ。「SpeechNews」は、国内外の主要メディアの配信記事の中からプロのジャーナリストが選りすぐり、まとめて読むことができる。

それだけなら普通のニュースアプリと同じだが、このアプリは「ニュースのキュレーション」に加えて、プロのジャーナリストが元のニュース記事を３００文字程度に要約してくれている。ライブドアニュースでも記事の要約を３つのポイントでまとめたものが人気のようなのだが、それの３００文字バージョンと言ったところだろう。時間短縮につながり、とても良い機能だと思う。

そして、最大の特徴は、ニュースの読み上げ機能があること。ユーチューブに機械が文章を読み上げる動画がたくさんあるが、あれと似たＡＩの音声がニュースを読み上げる。聴いていて若干気になるところがあるかもしれないが、読み方はほぼ完璧で、不快に感じられるレベルではない。

他のアプリを起動しながらバックグラウンドで再生できるので、画面を閉じてもニュースが読み上げられ、スマホで他のことをしながら聴くことができるのはありがたい。

コンテンツプロバイダーはユーザーの可処分時間を奪い合う状況になっている中、新たなニーズを掘り起こしたという点で見るべきものがある優れたアプリだと思う。

23

自粛ムードを促す感情論はスルーする

2016年4月、熊本県を大きな地震が襲った。この災害の影響で、当時僕が出演予定だったインターネット番組が放送延期になった。

僕はこの決定について、ツイッターで次のように苦言を呈した。

「熊本の地震への支援は粛々とすべきだが、バラエティ番組の放送延期は全く関係無い馬鹿げた行為。人のスケジュールを押さえといて勝手に何も言わずキャンセルするとはね。アホな放送局だ」

世間に無駄に蔓延する自粛ムードに異を唱えたかった。

僕がツイッターで何か書くと、だいたい誰かが批判したり、それがきっかけで炎上したりするものだが、このときもそうだった。

情報番組で、ある女優さんが涙混じりにこう非難していた。

「避難所の人たちは番組を選べない。被災地へ行ったらそんなこと言えない」

確かにもっともらしい発言だが、これは単純に間違いで、今回はネットの放送局で地上波の話ではない。視聴者は番組は選べるのだ。基本的に、自分で選ばない限り観ることはない。

コメントに対し僕はツイートで「前提条件も考えずに感情論に走るやつらばっかりでどうにもならんね」と締めさせてもらった。

この件でいちばん伝えたかったのは、「自粛それ自体は被災者支援につながらない」ということ。地震に関する情報は地上波、ラジオ、ネット等々で常時、放送、配信されている。ネットのひとつのチャンネルで娯楽番組が放送されたからといって、それを妨げられる状況ではない。むしろ、この番組を楽しみにしていた被災者の方だっていたかもしれない。心を休めるため、気分転換のために観る人がいたかもしれない。

放送局側は、単に「こんなときにバカな番組やりやがって」というノイジーマイノリティの苦情を受けるのが嫌なだけだったのだろう。そんな、話の分からないバカはほっとけばいいと思うのだが。

災害が起こったとき、大切なのは、被害を受けてない者はできるだけ普段通りの生活をしながら、寄付など無理せず自分にできる範囲で被災者支援を行うことだ。あくまで普段の生活を崩さないことが、支援の継続性にもつながる。

災害が起きた後、何か娯楽的なイベントがあると、「不謹慎だ」とか「被災者のことを考えろ」などと感情論だけの「いい人ぶった」意見が沸き起こる。

こうして、過度に無意味な自粛ムードが全国に広がると、経済の動きを止めることにもなりかねず、かえって被災者支援にも支障をきたすかもしれない。社会全体に蔓延する自粛ムードに一石を投じないと、意味のない自粛が増えるだろう。それは社会にとって良くないことだ。

多くの人が、自粛ムードを促すアホみたいな感情論に振り回されず、社会全体のことを考えて行動できれば、もっと生きやすい世の中になるはずだ。

24

周りに迷惑をかけずに合理的にラクすればいい

いろいろと意見が対立しがちな、子育てについても話しておきたい。

『男女共同参画白書　令和元年版』によれば、1980年、夫が働き妻が専業主婦の世帯は1114万、共働き世帯は614万だったが、2018年には、前者が606万、後者は1219万だった。

つまり「共働きのほうが普通」という今のご時世、夫婦だけで子どもを育てていくのはとてもハードルが高い。

僕自身、子育てについては苦い思い出がある。

僕はかつて結婚していて子どももいた。妻は、育児はぜんぶ自分たちでやらなければならないと信じて疑わない人だった。それを見かねた僕は、「なんでそんなに無理してるの？」と言ったことがあった。そうすると、妻からは「何言ってんの！　だったらあなたが帰ってきてやりなさいよ！」と怒られた。

僕は外注できるものは全部、外注する。頼めるのだったら、頼めばいい。自分は自分しかやれないことに集中すればいい。そのほうが社会のためになる。自同様に育児も大変だったら（キャパオーバーだったら）、シンプルにベビーシッターを雇えばいいではないかというのが僕の考えだ。だが、妻はお金を払って子育てを外注するのは「悪」だと思い込んでいた。僕は僕で自分の考えが合理的だと思っているから譲らない。そうした考え方のずれが積み重なっていって、僕らは離婚したのである。

では、なぜベビーシッターを雇ってはいけないと彼女は思っていたのか。

まず、世間からの批判があると思う。たとえば親戚のおじさんとかに「シッターなんて使っているのか！」などと言われたら、どうしよう……と余計な心配をしている。ベビーシッターを雇うことで、誰かに迷惑をかけているとでもいうのか。

また、知らない人が家の中に上がり込んでくるのが嫌だという心理的なこともあるだろう。海外と比べると、日本でメイドが普及していないのもそうした理由があるからだ。

日本人は「だらしないところをメイドに見せたくない」という思いが強く、海外では「日本人は『あら、今日はメイドが来るから家を片づけなくちゃ』と言う」というジョークにもなっているそうだ。

なお、日本は家事にかかる平均時間が5〜7時間で、世界でも断トツに高いという。アメリカの場合は、食器洗い機や乾燥機の普及率が9割もあって、家電を使って効率よくやっている。日本も見習うべきだと思う。

さて、話を戻すと、ベビーシッターが日本でなかなか普及しないのは、一種の「文化」が障害になっているからだと言えるだろう。こういうものは、イメージの問題だから、ベビーシッターのイメージを向上させることが先決だと思う。

そこで僕が考えたのが、ベビーシッターという言葉を変えることだ。「言霊《ことだま》」という言葉があるように言葉というものは重要だ。ベビーシッターの「シッター」というのは、英語で「子守をする人」という意味なのだが、日本語だと「叱咤」(しった)と似ていて語感がよくないと思う。

だから、まずは言葉を変える。

たとえば「育児師」なんてどうだろうか。「師」のつく職業というと、教師、牧師、医師、看護師、薬剤師など、信用される職業が多いイメージだ。

そのうえ、民間資格として「育児師1級」なんていう資格を与えれば、世間に与えるイメージも向上するはずだ。

先に僕は資格批判をしたが、日本人は資格が大好きだからビジネス的には成功するのではないだろうか。

というアイデアをキッズライン（ベビーシッターマッチングサービス）の方に話したら、すぐに実行して、新たな個別保育サービス資格として「育児師」という認定資格がスタートした。

大変な子育てが少しでもラクになり、みんな（特に母親）が合理的に生きられる社会になるのがいちばんいい。それを、誰かに頼るのが格好悪いからとか、親がラクするべきでないという精神論などで、保護者だけに負担を強いるのはあまり賢いやり方じゃない。そもそも、当事者ではない人間が、他人に努力を強要するような風潮はおかしすぎる。

もちろん僕は育児のほとんどを外注し、丸投げすることを推奨しているわけではない。「無理だ」「どうしようもない」「しんどいな」と思ったときだけ助けてもらえばいいだろう。

ただ、限界まで頑張って周りに頼ろうとしても、もう手遅れだったり後手に回ったりしてしまうことがある。そうならないためにも、普段から「頼る部分は割り切って頼る」くらいの考え方のほうが、結果的に自分と子どもの人生が生きやすく幸せになると思う。

夫婦共働きで子育てを抱えていたら、どこかで無理が生じる。子育てそのものにも悪影響が出てくるだろう。無理がたたって家族全員が潰れてしまうよりは、シッターさんに助けてもらったほうがはるかに良いことだ。

「できないこと」「やれないこと」は外注で合理的に解決しよう。

ひと昔前の倫理観なんて、気にしないことだ。

25

変わらぬ友情を強要する者へ

人間の価値観や関心は常に変化するものだ。僕自身、ビジネスを始めて、見える世界が目まぐるしく変わっていった。時間とともに、僕の居場所は変わっていく。そうすると、それまで付き合ってきた友達と話がぎこちなくなってくる。僕は相手と話が合わないと少しでも感じたら、人間関係を躊躇なく切る。人間関係で面倒な気遣いは一切したくないのだ。

「堀江は冷たい奴だ」と思われるかもしれない。だが僕としては、つまらないと感じる相手と、仲良くすることの意味が分からないのだ。

僕は子どもの頃から、大勢の友達に囲まれてきたわけではない。ひとりも友達がいなかったわけではないけれど、自分から「仲良くしようよ」と言って友達を増やすタイプではなかった。人と話すのが苦手ではないが、コミュニケーションスキルが高いわけでもない。

人と話すのは大好きだから、会話の弾む相手となら仲良くしたいとも思うが、人の考えを忖度して、僕のほうがあれこれ気を回さなくてはいけない相手とは一緒にいたくはない。

人間関係はいつか終わりを迎えるものだという思いがある。同じ人間と同じ話ばかりを繰り返していて、進歩があるとは思えないのだ。以前は楽しく話ができたのに、だんだんとマンネリ化してきたと思ったら、そろそろ潮時だ。人間関係にも新陳代謝が必要だ。環境を変え、新しく前に踏み出そうと思ったら、人付き合いも一気に変えたほうが良い。

人間関係を切り替えなければ前に進めないという思いがあって、あえて人を切るということを自分に課してきた部分もあったと思う。「次の展開に進んで失敗したとしても、以前のような関係に戻れる」という甘い期待は持たない。人間関係のリセットを繰り返し、環境を変え、新しい刺激を求め続ける。それが僕のスタイルだ。

もちろん、人間関係を断ち切ることには、つらいこともある。オン・ザ・エッヂの創業メンバーと袂を分かつことになったときは、「これがお互いにとって最善の道だ」と割り切っていたつもりだったが、それでも心の奥底でうずくものがあったものだ。

「人間関係を断ち切るなんて、自分にはできない」という人もいるかもしれないが、そんなことはない。誰でも進学や就職、転職などで、人間関係を切り替える経験をしているはずだ。むしろ、今、大事だと思い込んでいる人間関係に自分が縛られていないかどうか、見つめ直してみるといいと思う。

「長い付き合いの友達が何十人もいる」という人は世間では評価されるかもしれないが、僕は少し懐疑的に見なければならないと思う。同じ人間関係を維持するためのコストはかなりのものだと思う。思考も知識も価値観も凝り固まってしまい、新しい変化に対応できない人なのかもしれない。

26

ふわふわしている人とは付き合わない

僕はツイッターを始めて10年以上になるが、その結果、分かったことは「世の中の半分以上の人は、磨りガラスで物事を見ている」ということだ。どういうことかと言うと、決定的に想像力というものがないのだ。文字は見えていて、一応読めているのだが、文章の中身まで読めていない。だから、ぼやっとしか世の中が見えていないのだ。

読解力がないと、論理を排除して自分勝手に怒ってくるから始末に負えない。そういう人とは、はっきり言って話はできない。だから、絡まれたら、基本無視するか、それでもしつこく絡んでくるようであれば、怒りを露にすることだって厭わない。

そう、「野菜食べてますか?」というクソリプが、その典型だ。

あなたの周りにもいないだろうか。話の中身がまったくない人やなんとなく面白い感じや楽しい感じで適当に生きている人が。

僕はそんな人たちを「ふわふわしている人」と呼んで、とにかく距離を置くようにしている。

「ふわふわしている人」と話をして、僕が論理的に返したりすると、「なんで一緒にふわふわふわしてくれないの？」といった感じで、「この人、変だな……」という目で見られたりする。僕が話に乗ってこないと分かると、排除したくなってしまうようだ。僕としては、この不毛な時間をなくすためには、そういう人たちとは最初から付き合わないようにするしかない。

人間が生きていくうえでいちばん重要なのは、的確に情報を仕入れることだ。それを元に判断して次の行動を選択していかなければ、生存できない。だから、ふわふわしたものを排除して、常にクリアにしておかなければならない。視界がクリアになっていれば、自然と物事の本質を見抜けるようになり、他の人が分からないことが分かってくる。そして、それがビジネスチャンスになる。

少し前に三重県伊勢市にある「伊勢角屋麦酒」（いせかどやビール）というビールメーカーの工場を視察して、鈴木成宗《なりひろ》さんという社長さんと話をした。この方はとにかく、自分の視界がクリアな人だった。

伊勢角屋麦酒は、二軒茶屋餅角屋本店という会社のブランドで、鈴木さんは400年続く餅屋のせがれだ。

そんな中、1994年にビールの年間最低醸造量が2000キロリットルから60キロリットルへ引き下げる規制緩和が行われ、地ビールが解禁された。ビールは酵母の発酵によってできるが、鈴木さんは地元の三重大学で酵母の研究をして博士号を取得していたこともあって、ビールの醸造の事業化に踏み切った。その後、世界的なビールの審査会でいくつも賞を獲得し、地ビール業界でも知られる存在となった。

さて、そんな伊勢角屋麦酒の工場にお邪魔すると、壁に論文が貼られていた。僕がそれに気づくと、鈴木さんは「このポスターに反応してくれたのは、堀江さんが初めてですよ」と言っていた。鈴木さんは研究者をやっていただけあって、ひとつひとつの話が論理的で聞いていて気持ちのいいものだった。

たまたま日本酒の話になって、「『日本酒には独特のセメダインみたいな嫌な匂いがする』と言って嫌う人もいる」という話をしたら、鈴木さんは「それは酢酸エチル系の匂いですね」と言っていた。

日本酒というのは、まず小さなタンクで、麹と水を混合し、乳酸と酵母を添加し、蒸した米を加えて発酵させる。これが酒母という段階。それから、大きなタンクに移して、酒母をベースに3回に分けて発酵させ、拡大培養する。その拡大培養の際に、エタノールが酸化して、酢酸エチルが発生するようなのだ。

鈴木さんは、「それなら」と言って、先に酵母だけ大量培養して、エタノールの酸化を防ぐアイデアをその場で出してくれた。

やはり僕は、こういった頭が良くて、話も明快で、探求心がある人と出会ったときはワクワクするし、自分の好奇心が刺激され楽しくなる。

自分の好奇心を満たしてくれる人とだけ付き合えばいいのだ。

なんとなく続いている「ふわふわした人間関係」があるなら、そんな意味のないつながりはがまんせずに断ち切ってしまおう。

27

相手に「言い訳」を与える

２００６年１月23日、僕は証券取引法違反容疑で東京地検特捜部に逮捕された。もちろん言い分はあったが、裁判では否定され有罪判決が確定し、刑務所で服役を余儀なくされた。２０１３年に長野刑務所から仮釈放された僕は、自分がやりたい好きな事業を立ち上げ刺激的な毎日を送っているが、逮捕されたことで失ったものは、当然ある。

だが、逮捕されて、初めて気づいたこともあった。それは相手に「言い訳」を与えることの大切さだ。

僕の場合、その言い訳は「前科者」である。どういうことかというと、逮捕される前の僕はあまりにも「無双」状態だった。

本意ではない部分もあるが、

・ライブドアという上場企業の社長
・東大出身（中退だが）
・「ヒルズ族」と呼ばれ、メディアの寵児扱い
・「プロ野球球団買収」「球団新設」「ニッポン放送買収」「衆議院議員総選挙へ

の出馬」などメディアが飛びつく派手な話題をふりまく
・「想定内（外）」が新語・流行語大賞で大賞となる
など、当時、僕以上にメディアを賑わせ、大きなこと、新しいことにチャレンジしている者はいなかったと思う。

僕の言動の影響力を思えば、周囲の人は勝手に僕の存在を大きくしていった。しかし、こうなると、必ず反発する人が出てくる。完璧すぎたり、隙がなかったりすると、「なんとしてでもこいつを、引きずり降ろしてやる」と考える者が現れる。妬み嫉みが渦巻き、僕が言うことやること全部反対といった感じだ。

だが、今は違う。僕は「前科者」なのだ。

だから、人々は今の僕を見ても、「偉そうなこと言ってるけど、堀江は前科者だからな」と溜飲を下げることができる。「まっいいか」と勝手に思ってくれる。つまり、僕は「前科者」というレッテルを得たことで、逆に仕事をしやすくなったという面もあるのだ。

完璧すぎる人間というのは、本人が何も意識しなくても相手に脅威を与え、身構えさせてしまうところがある。だから、そういう人が相手と本音で付き合おうと思ったら、自分の弱みや欠陥をあえてさらけ出したほうがうまくいく。

僕自身は、逮捕前も逮捕後も、自分のやりたいようにやらせてもらっているので自分が変わった意識はなく、勝手に周囲の反応が変わっていった。

自己分析すると、僕の中身というのは「中二病のオタク」なのだ。そもそも学生時代から、麻雀や競馬にハマり、インターネットにハマり、逮捕前から関わっていた宇宙開発事業に今もハマり、暇さえあればスマホをいじっている。客観的に見れば、間違いなく「中二病のオタク」だ。

だから、大丈夫だと思って高を括っていたのだが、それでも叩かれまくり、ついには逮捕されてしまった。自分では「中二病のオタク」のつもりだったが、球団買収、ニッポン放送買収などに動き、やることはやっていたから、エスタブリッシュメントに脅威を与えてしまったのかもしれない。

僕は自分がどう見られているか無頓着なのだが、それを続けていると自分ではどうにもできないトラブルに巻き込まれたりするリスクを抱えてしまう。だから、自分を守るためにも、「まっいいか」と思わせるためにも、相手に「言い訳」を与えることは重要だと思う。

世間の人は「弱みを見せると付け入られるから良くない」と思っている人も多いようだが、実際には逆である。多くの人は見栄や虚勢を張って、あたかも自分が完璧な人間であるかのように装いがちだが、それによって失うものは少なくない。むしろ、自分の弱みをさらけ出すことで相手に好感を持たれ、人間関係も円滑に進むようになるだろう。

第5章

批判を論破する

僕の言動にはすべて理由がある

28

「吊るし上げ願望」に同調しない

２０１９年は芸能界を揺るがす事件がいくつも起きたが、そのひとつに新潟県を拠点とするアイドルグループNGT48のメンバーだった山口真帆さんの事件がある。

この騒動に乗じて起きたのが、ＡＫＢ48グループの総合プロデューサーを務める秋元康さんに対する世間の突き上げだった。

山口さんの事件が明らかになって以来、秋元さんがコメントを発表していないとしてネット上では不満の声が挙がっていたが、２０１９年4月、山口さんが公演でグループ卒業を発表すると、秋元さんに説明を求める声が再び持ち上がっていた。

だが、こうした動きに僕は不満で次のようにツイートした。

「そもそも組織のトップは秋元さんじゃねーだろ笑。ちゃんとみろ。世間一般がそう思ってるだけだろ笑。それにおれは事実関係知らんし。興味ないから調べる気も起きない」

僕がわざわざ「興味ない」と書いているのは、「いろんなことに触れる堀江さんが、この件は全く触れませんが秋元さんへの忖度ですか？」というくだらない声が出ていたからだ。

確かに僕はツイッターでいろいろな発言をしているが、NGT48の事件については関心がなかった。僕は人からの指図は受けず、コメントしたいものにコメントする。

この事件は複雑で山口さんもちゃんと説明しておらず、詳細はよく分かっていないことが多い。何が起きているのか、誰も状況を把握していない中で、みんなの不満が高まる。それで、誰か悪者を見つけて、吊し上げたくなるということなのではないだろうか。そのスケープゴートにさせられたのが秋元さんなのだ。秋元さんはグループの運営会社のトップではないし、山口さんの事件もよく知っているとは思えないのだ。

こうした世間の「吊るし上げ願望」に同調するべきではない。要は功なり名を遂げた有名人を、事実関係がどうなっているのかなんて一切関係なく、人民裁判に掛けて無理やり貶めてニヤニヤしたいだけなんだ。そして、「有名税」

なる空虚な概念を利用して「仕方ない」とか言うのだ。

成功して有名になった人というのは、必ず言いがかりのようなことを言われ、気分の悪い思いをさせられる。彼らの言うことは一見、正論に聞こえる。だが、実際はイメージだけで勘違いをしていることが多い。そんなことを真に受けてはいけないし、同じように吊るし上げの一端を担うなんてことはあってはならない。

こうしたニュースがあったときは、冷静に背景を見るべきだし、考えるべきだ。何よりも、自分と関係のない事柄に、首を突っ込むべきではない。自分の人生を必死に生きていたら、そんな暇なんてないだろう。

29

頂点から攻めろ！欲望をくすぐれ！

「ＯＹＯ　ＬＩＦＥ（オヨライフ）」という新しい住宅サービスがある。スマホアプリからホテルを予約するように部屋を借りることができる画期的なサービスだが、始まったばかりゆえ、認知度が高いとは言えない。

ＯＹＯ　ＬＩＦＥの責任者の方によれば、「内見もせずに、スマホで全部済ませて引っ越す」ということに抵抗感を抱く人が多いという。

そこで僕が提案したのが「ＯＹＯ　ＬＩＦＥ」の超高級版を設けるということだ。責任者の方は「やりたいんですけど、まずはいったんマスで認知されてからかなと……」などと口ごもっていた。だが、こういったサービスの認知度を高めるためには、まず、ピラミッドの頂点からつくるのが効率的だしセオリーと言える。

新しいライフスタイルを提案する場合、まずは「憧れ」をデザインしたほうが早い。

人間が環境を変化させるには、どうしても心理的なハードルが伴う。躊躇や尻込みをして、「今のもので、十分間に合っているから……」などと言って、冒険しない。

だから、新しいものの良さを伝えるには、「標準形」ではなく「理想形」を見せて説得するべきなのだ。

「OYO LIFE」のプロモーションもそういうことをするべきだ。

たとえば、「HIKAKINがOYO LIFEで1カ月200万円の物件を借りてみた」といったプロモーションをユーチューブで展開すれば、話題性があってきっとバズるだろう。

普通の物件を延々紹介するより、いわゆる高級物件と言われる部屋を見せたほうが、絶対興味がわくし、「HIKAKINが住んだ部屋、みんなでシェアしてみようぜ」というような流れが出てくるかもしれない。また、「仲間4人で超高級物件借りてみた」といった感じで、『テラスハウス』のようなことをやってもらうのも面白いと思う。僕は福岡県出身だが、高校の夏休みに友達何人かで「東京でウィークリーマンション借りて、1カ月住んでみようぜ!」みたいなことをやっていたぐらいだから、そういった需要も少なからずあると思う。

意外と高級物件は、マーケットがあると思う。みんな「人生で1回くらい、すごい部屋に住んでみたい」とかは漠然と思っていたりするから、その欲望をくすぐるのだ。

これは家だけではなくて、多くのライフスタイルやサービスに共通して言えることだ。どんな分野でも「高級○○」や「最上級○○」、「最高の○○」といったピラミッドの頂点に対する需要はあるはずだし、それをきっかけに大衆に広がる可能性も高くなる。

ただこうしたエクストリーム（極端）なサービスをやろうとすると、必ず批判が付きまとってくる。「本当に需要があるのか？」「金儲けがしたいだけだろ」「金持ちしか相手にしていないのか」……などなど。

サービスや企画を冷静に考え勝算があると思えば、チャレンジする価値がある戦略だと思う。

大胆に動くときこそ、ロジカルに説明して批判を黙らせよう。そして、結果で自分の正しさを証明すればいい。

30

「困ったちゃん」には、ルール化で対処する

近年、反社会的勢力の問題が大きくクローズアップされている。

僕自身、まったく身に覚えのないことを報じられて裁判を起こしたこともあり、けっして他人事ではない。

僕のように世間に顔を出して仕事をやっている人間にとっては、仮に反社会的勢力の人と僕のツーショット写真なんて出回れば完全にアウトである。

ただ、相手がよく知らない相手であれば、反社なのかどうかは結局分からないものだ。暴力団に所属していなくても、詐欺をやっているということで反社に括られるようになってきているが、世の中、詐欺っぽい人なんて、大勢いる。タトゥーをしていてもミュージシャンなのかもしれないし、見た目だけで判断するわけにもいかない。

僕は知名度があるから、反社の人からすれば格好のターゲットだ。僕とのツーショット写真をなんとかして撮って、商売に利用しようなんていう人はいくらでもいる。

だから、僕は原則的に信頼できる友人に紹介された場合か、明らかに公の場でのイベントと分かるとき以外は写真を撮らないようにルール化している。
だが、そうすると、「1枚、写真撮るのなんて簡単だろ。なんでそんなこともしてくれないのか」と突っかかってくる困ったちゃんがいる。「だからね……」と説明しようとしても、酔っ払っていて構わず絡んでくるということも多い。

面倒だから写真の1枚でも撮って、すぐに逃げたほうが本当はラクなのだが、万が一ということもあるので、写真は断らせてもらっている。見るからに危ない、怪しい、あるいは、変な噂がつきまとっているような人とも、最初から距離を置いたり、逃げたりするという姿勢も重要だ。

一般の方は、写真撮影をお願いされるということはないだろうが、こうした自分へのお願いごとについては対処法をルール化してしまうというのはひとつの手だ。

仕事でもプライベートでも、ときに理不尽な要求をされて困ってしまうということはあるだろう。そうした場合も僕のようにルールを設けて一律に断るという姿勢をとってみるといい。ここまでならＯＫ、この条件ならＯＫなどと、例外を許さず決めてしまえばいい。その場で、どうしようかと考える必要がなくなるし、これなら相手も納得しやすい。それに、「ルールだから断る」としてしまえば、自分の気もラクだろう。

31

「にわか」をバカにする者こそバカ

第1章で書いた通り、「ミュージカルに出る」と僕が言うと、必ずと言っていいほど「なんでホリエモンはミュージカルなんてやってるんだ！」とディスるコメントがくる。

確かに僕はいろいろなことに挑戦しているが、単に思いつきで手当たりしだいにやっているわけではない。僕がミュージカルをやるのも、ちゃんとした理由があるのだ。そこで、ここではどうして僕がミュージカルをやっているのか、いらぬ批判を黙らせるために説明したい。

僕が最初にミュージカルに出演したのは、2010年のこと。ニコニコ動画初のリアル世界進出プロジェクトとして「ニコニコミュージカル」という企画が持ち上がり、僕に白羽の矢が立って「クリスマス・キャロル」をやることになった。

ところが、そもそも演劇は席（チケット代）以上の収益を出すのが難しいという問題があった。たとえば、音楽ならドームやアリーナ、さらにはGLAYの20万人ライブのように大箱で公演するということが可能だが、演劇はどうしても小さな箱でしかできない。そのうえ、出演者数が多く稽古にも時間がかかる。歌舞伎とか宝塚のような伝統があって完成されたシステムがなければ、演劇でちゃんと安定的に収益を出すのは難しいと言われていた。

そこで「ニコニコミュージカル」では、有料ネット配信でカバーしようとした。蓋を開けてみると、舞台は満席近く、有料配信もそれなりには売れたものの黒字化には程遠かった。ミュージカルの有料ネット配信も定着せず、ニコニコミュージカルも終わってしまった。

それから、月日が経ち、ネットとエンタメをめぐる環境は大きく変わっていった。そんな中、僕には「演劇をちゃんと儲かるビジネスとして育てていくことが必要だ」という考えがずっとあった。

演劇の世界というのは本当に食えないものだ。僕と同じくらいの年齢になっても、アルバイトをしながら役者をやっているという人がたくさんいる。だが、良い仕事をしているのに「本業で食えない」という状況は健全ではない。演劇をもっと稼げるビジネスとして整備していくことが必要だと思うが、では、なぜ食えないのに役者をやっているのかと彼らに聞くと、多くの人が「気持ちがいいから」だと言う。

実はそれは僕も感じていることで、演劇は観るのも楽しいけれども、演じるほうがその１００倍も楽しいのだ。多くの観衆に見守られながら千秋楽を迎えるのは、たまらなく気持ちいい。そこに、近い未来の生き方を考えるヒントがあると思う。

今後、ＡＩやロボットが普及、発展していくと、多くの人はどんどん仕事を失っていくことが避けられない。仕事も減っていく。時間ができる。そうすると、定年後のサラリーマンが社会にあふれるという現象が起きるだろう。

人間にとっていちばんの毒は「暇」である。

人間は暇になるとネガティブなことを考えがちで、健康にも悪い。仕事も稼ぎもなくなったゾンビのような人が大勢現れたら、社会が不安定になるだろう。少し前のフランスのように暴動が起こるかもしれない。だからこそ、そんな暇な人に仕事の代わりになるような何かを提供しなければならない。

それがエンタメだ。

仕事がなくなった人間は、全力でエンタメを楽しみ暮らしていくという選択肢しかない。そして、エンタメの中でも最高峰にあって中毒性もあるのが演劇である。

スポーツと違って演劇は年をとってもできる。セリフを覚えるのは難しそうにも見えるが、カンペがあるとハードルがぐっと下がる。モニターにセリフが流れる「デジタルカンペシステム」を導入すればいい。つまり、素人でもどんどん演劇に出られるように敷居を低くして、いわゆるカラオケのような位置づけにしたいのだ。カラオケはお金を払って歌を唄って自己満足に浸るものだが、演劇も似たところがある。これが僕が構想している「演劇2・0」である。

僕は、そんな素晴らしい演劇をビジネスとして回すための努力を続けている。そこで、まず取り組んでいるのが「にわかファン」を増やすことだ。

2019年の流行語大賞でラグビー・ワールドカップの盛り上がりから「にわかファン」がノミネートされていた。「にわかファン」というのは、コアなファン層からの見方で、ちょっとバカにしたニュアンスが込められていると思う。

だが、にわかファンをバカにする者こそがバカなのだ。

ラグビーに限らず、スポーツは全般的ににわかファンが支えている。興行ビジネスというのは、コアなファン層だけを相手にしていたら、裾野が広がらず、立ち行かなくなってしまう。だから、年に1、2回しか来ないようなファン層をどれだけ広げられるかが成功する鍵になる。

では、演劇界はどうなっているかというと、コアなファン層ばかりを相手にする保守的な傾向が強く、そのせいもあってか、市場規模が縮小し続け、業界全体が苦戦を強いられている。

その理由のひとつには、観客に過剰にストイックさを求める風潮があるからだと思う。

歌舞伎や映画では飲食OKなのに、なぜか演劇は飲食NG。また、私語NG、椅子を倒すのも、背伸びするのもNGというのが当然とされている。しかし、

3時間もずっと椅子に座りっぱなしだと、お腹も空くし、腰が痛くなるのが普通だ。それを我慢してこその演劇だと思っている人が多いのだが、それでは、にわかファンはやってこない。だから、僕はそれを打開したいのだ。

第1章で話したように、たとえばディナーを食べながら、もっと演劇を自由に観てもらいたい、楽しんでもらいたいと新しいチャレンジをしている。これまで演劇を観たことがない人、縁のなかった人を取り込みたいのだ。

そのかいあって、僕たちの舞台には大勢のお客さんが来てくれる。男女比でいうと「7：3」。いわゆる「演劇」などの興行の世界では、「女性客が9割」というのが通常だという。この男性比率の高さをいかして、男性客を増やしたいと考えている湘南美容クリニックの協賛を得ることもできた。

こうした大切な「にわかファン」を増やしリピーターにして、また新規の「にわかファン」を獲得していくことが、ショービジネスを発展させるには必要不可欠なのだ。

32

子どもをなめるな

これまで僕が生きてきた中で最も偉大な発明は、インターネットだ。ネットが生まれたおかげで僕らは、世界中のあらゆる情報にアクセスできるようになり、自分からも情報を発信できるようになった。その次に偉大なのがスマートフォンの発明である。

スマホが生まれたおかげで、ネットの恩恵をいつでもどこでも享受できるようになり、時間の密度が限りなく濃くなり、人生が有意義になった。

だから、今の時代、子どもには必ずスマホを与えなくてはいけない。スマホで何か好きなものを見つけて、のめり込んで、それで生きられるようになれば、素晴らしいことだと思う。

そう言うと「子どもがゲームばっかりやるようになったら、どうするんですか？」などと野暮なことを言う人が出てくるだろうが、ゲームばっかりやって何が問題なのだろうか？　今、世界で最も稼げる職業のひとつは、プロゲーマーなのだが。

eスポーツは日本でも徐々に認知されはじめているが、法律の問題があって賞金制の大会の開催が制限され、まだまだ盛り上がっているとは言えない。だが、日本はもともとテレビゲーム発祥の地であり、僕が子どもの頃でさえも高橋名人というプロゲーマーの先駆的な存在がいたし、今でもゲーム配信で生活をしている人はたくさんいる。「子どもがゲームばっかりやるようになったら、どうしよう」ではなく、ゲームが好きならどんどんやらせるべきだというのが僕の考えだ。

学校で教わってくることは、ググれば一発で分かるようなことばかりで、別に学校で学ばなくても生きるには困らない。それよりも自分の好きなことをやることのほうが、集中力が持続し効率よく学べるものだ。ゲームが好きなら、ゲームにとことん集中し、プロゲーマーになればいい。ゲームに関する職につけばいい。飽きたら、別のことを始めるだろう。

僕がそんなことを言うと、ほとんどの人は絶句してしまう。どうしてそうなるのかと考えてみると、子どもに対しての見方が根本的に違うのだ。

ほとんどの人は、子どもができて自分が親になった瞬間に自分が偉くなったかのように錯覚し、子どもを下に見るようになるのだ。会社に行くと大した存在でもないのに、子どもの前では偉そうに、「ああしなさい」「こうしなさい」「なんでできないの！」などと小言を言いはじめる。ところが、そういう教育の仕方は間違っている。

ベストセラー『嫌われる勇気』（ダイヤモンド社）で広く知られることになったアドラー心理学にはいろいろな要素があるのだが、ひとつ重要なポイントとして、子育てをするときに子どもを下に見ないという原則がある。

たとえば、小さな子どもがミルクの入ったコップを持ちながら歩いていて、それをこぼしてしまう。そんなときに多くの親は、「コップを持って歩いたらダメだ！」なんて言って叱る。

一方、アドラー心理学では、「コップを持ってこぼしたのは仕方がないけど、どうしてこぼしたと思う？　じゃあ、次はどうしたらいい？」というふうに考えさせる。子どもを下に見るのではなく、対等のひとりの人間としてアドバイスをするのだ。

僕自身、今は子育てをしているわけではないが、子どもから学ぶことは多い。友達の家に行って子どもがいると、「ユーチューブ、何見てんの？」「どんなの流行ってるの？」「これなんてアニメ？」なんて話しかける。そうすると、僕が全然知らないことを教えてくれて、とても勉強になる。

もうひとつ、最近、子どもを見ていて驚いたのは、「アマゾン・エコー」のようなスマートスピーカーを使いこなしていることだ。

僕は最初、スマートスピーカーが出てきたときに、「こんなの誰が使うんだろう？」なんて思っていたものだが、子どもたちはスマートスピーカーが大好きなのだ。どうしてかというと、子どもは同じ質問を何回もするから、スマートスピーカーなら飽きずにいつまでも付き合ってくれる。

また、スマートスピーカーがちゃんと答えてくれるように、子どものほうも考えて、きちんとした発音や文法を意識するようになる良い影響もあるという。だから、今、子どもはＡＩによって教育されているとも言える。

現代の子どもをめぐる環境は僕らの子ども時代とは比較にならないぐらいに

恵まれている。

このまま今の子どもが育てば、僕らよりもずっと探求心の高い大人になるに違いない。子どもに教え、諭すなんていう態度は改めて、ともに成長していくぐらいの気持ちで子どもと接するべきだ。

33 ユーチューブをなめるな

いよいよ動画時代の本格到来である。僕のユーチューブチャンネルも再生回数がうなぎのぼりとなっている。

僕がユーチューブのチャンネルを始めたのは、２００９年3月のことだ。当時の僕はまだ裁判をやっていて、ＨＩＫＡＫＩＮくんがブレイクする前のことだから、かなり早い段階からやっている。

ところが、再生回数はずっと伸び悩んでいて、悪いと数千回の再生回数しか出ないという状況に甘んじていた。

それがここに来て、爆発的に再生回数が急増しはじめるようになった。以前は、取材でどこかにお邪魔した際にビデオも回しておくといった形式が多かったのだが、最近になって僕がひとりで出てきて「ハロー、ユーチューブ！」と投げかけ、時事問題を語るという形式を始めたところ、ヒットが連発するようになった。

たとえば、最近のヒット動画には次のようなものがある。

「ヤフーによるＺＯＺＯ買収の背景を話します」（２０１９年9月13日、

「『手取り14万？お前が終わってんだよ』について解説します」（２０１９年10月12日、２９２万回視聴）
「カルロス・ゴーン、行ってらっしゃい！」（２０１９年12月31日、２０３万回視聴）
３１１万回視聴）

※視聴回数は２０２０年３月12日現在のもの。

こうしたヒット動画が生まれるにしたがって、２０００本以上ある過去の動画も見られるようになり、チャンネル全体の再生回数が増加し、月間１５００万回も再生されるようになった。

日本一のユーチューバーであるＨＩＫＡＫＩＮくんのメインチャンネル「ＨｉｋａｋｉｎＴＶ」の月間９０００万回再生には及ばないが、ＨＩＫＡＫＩＮくんのコンテンツが子ども向けであるのに対し、僕は大人向けなので、僕の考え方に関心があったり、ある程度勉強していたりする人が見ていて、届いてほしい層にしっかり届いている感覚がある。充実感も収入もテレビに比べ断然高い。

以前は「ユーチューブは子どもが見るもの」と思われていたが、最近はオリエンタルラジオの中田敦彦くんなどが教養番組を始めるなどして、大人も見だしてきた。僕のチャンネルもその追い風を受け、大きな手応えを感じている。今後もますますユーチューブに力を入れようと思っている。

未だにテレビばかり見ていてユーチューブを見ていない、ユーチューブをテレビより下に見ているという人は、はっきり言って終わっているし、数年後には時代に取り残されてしまうだろう。すぐにユーチューブを開いて、動画をどんどん見るべきだ。

動画を提供する側も、テレビのように1回放送したらそれで終わりではなく、配信した動画が資産となって、再生される度に広告が挟み込まれ、それが報酬となるから、ビジネスとしても効率が良い。

そして、2020年からは、日本でもいよいよ第5世代移動通信システム「5G」の提供が開始される。高速・大容量のデータ通信を実現する5Gによって、スマホでより動画を見る経験が一般化し、動画の需要が高まるから、ユーチューブだけで生活できる人が今後もどんどん増えてくるだろう。

そんな中、気になるのは、本格的な動画時代を迎えるというのに、既存のエンタメ企業の動きが鈍いことだ。

先日、お笑いの吉本興業が2021年度から新たにBS放送「よしもとチャンネル（仮）」を開局するというニュースがあったのだが、ピント外れもいいところで完全に時代遅れだと思う。

もうテレビは歴史的なブランド価値しかないから、すでにいろいろな営業チャネルを持っている吉本興業がBS放送を始める意義はほとんどないと思う。だったら、同じコストを今ユーチューブやネットフリックスに注ぎ込んだほうが、これからの「一億総動画時代」を席捲できる可能性が高まるはずだ。

これからビジネスを始めようとするなら、動画は絶対に外せない要素となる。老いも若きも個人も法人も、スマホでササッと動画制作を学び、すぐにユーチューブのチャンネルを開設するべきだ。

34

感情論で議論をするな

ユーチューブで僕の動画が人気になっている理由のひとつには、動画だと僕の素の部分が出ているからではないかという気がする。ユーチューブの僕の動画のコメント欄を見ていると、「堀江さん、すごく気持ち良さそうにしゃべってますね」という趣旨のことがちょくちょく書かれているのだ。

確かに、改めて自分で動画を見返すと、機嫌良く、気持ち良さそうにしゃべっている。しかし、別に意識してそうしているわけではない。感覚的には友達なんかとしゃべっているときと全然変わらないのだ。

では、逆にどういうときに僕は機嫌が悪くなるかというと、分かりやすいのはテレビに出ているときだ。

たとえば、『サンデージャポン』に出て、話題を振られたからしゃべっていると、だいたい他の出演者から非常にくだらない反論をされて、気分が悪くなってブスッとしてしまうことが多い。

本当は順序立てて説明して、真意を分かってもらいたいのだが、テレビだと時間の都合もあって、そうもいかない。それに、感情がぶつかり合うような議論のほうがテレビ的に映えるから、そういった意見や言葉が重宝される。

だから、馬鹿なことを言われ茶々を入れられると、僕はイライラしてしまうが、それもテレビ的には面白いのだろう。

普通のタレントは、人に嫌われるのを恐れていつもニコニコして当たり障りのないことばかり言うものだ。

だから、テレビでは僕みたいな率直な人というのはとても貴重で、テレビのディレクターも僕を悪役に仕立て上げて、ムッとしているところばかりを拾って映像をつくる。そうすると、「ホリエモンがまた偉そうにしょうもないことを言ってる」という悪い印象が流布される。無理やりヒールを演じさせられている感覚だ。

思い返すと、小学校のクラス会もこんな感じだった。

「みんなの意見」というのは、ほとんどが先生の言うことや感情論、正論、常識だとされることに引きずられる。中には「それは違うだろう」と思う人がいても、仲間はずれにされることを恐れて反論はしない。

ところが、僕は合理的に考えて自分が思ったことを率直に言うから、先生に注意され、他のクラスメートからも「堀江がまたおかしなことを言っている」みたいに見られていた。

テレビなんかは、まさに僕にとって完全アウェーになりやすいから、今後は出演を控え、自分が思い通りに話せるユーチューブに力を入れようと思っている。何より、自分が言いたいこと、伝えたいことを、誰にも邪魔されることなく、好きなタイミングでより速く発信できるのは、ストレスが一切かからず、情報の質も上がるので、僕も視聴者の方もメリットしかない。

明らかに自分が正しいとしても、たったひとりだけの意見だと、集中砲火を浴びてイライラしてしまうし、そんな様子を人に見られるのも嫌だ。だから、もしあなたの身近にそういう場があるのなら、無理に近づく必要はない。

テレビのワイドショーのような感情論が優先されるコミュニティからは今すぐ離れたほうがいい。

第6章　好きな人とだけ生きていく

怒りを生まない環境に身を置く

35

引きこもりの何が悪い

第1章で「引きこもり」について書いたが、そもそも「引きこもり」の問題というのは、今に始まったものではなくて昔からある話だ。

僕は昔からある義務教育の仕組みが引きこもりの原因だと思っている。

日本人は、同じ年齢・同じ土地の「同質性」が重んじられるコミュニティに縛りつけられて、実質的に逃げ場がない状態に追い込まれている。そこからドロップアウトしよう、もしくは逃げ出そうものなら、「人間として失格」みたいな雰囲気が日本の社会にはある。

それで社会のレールから脱落した気分になると、自己肯定ができずに外部との接触をシャットアウトしてしまい、引きこもりになってしまう。だから、まずは社会的に「引きこもりでもいいんだ」「何が悪いんだ」という雰囲気づくりをしないといけない。そのひとつの方法が、第1章で述べたようなポジティブワードに言い換えるということでもある。

スマホやネットの普及によって、もし引きこもりになっても、普通に仕事をしたり買い物をしたり娯楽を楽しんだりと、日常生活を送ることは可能になった。

また、フリーランスであれば、会社に所属しないでも報酬を得て生活できる。たとえば、動画編集や音楽制作、イラスト制作、ライターなど、パソコンがあればできるフリーランスの仕事は探せばいくらでもある。才能なんかなくても、せどりや転売で稼ぐことだってできる。

また、近年は会社員であってもテレワーク（在宅勤務）をするというケースも増加している。

テレワークが広まれば、交通渋滞や大気汚染、地域活性化、少子化、高齢化などの社会問題の解決につながるとして政府も推進している。引きこもりの方の働き方としてもぴったりではないか。

このように会社に所属しない、会社に通勤しないという生き方が近年、広まってきており、社会に引け目を感じずに引きこもりができる環境は整いつつあるのだ。

僕自身、東大の駒場寮にいたときは競馬にハマッて授業には顔を出さず、引きこもりに近かった。そこから一念発起して起業し、会社を上場させたが、人間関係で行き詰まったら、スパッと切り捨ててこれまでやってきた。嫌な人とは付き合わなくてもいい。学校とか決められたコミュニティしかない社会が理不尽なのだ。そんな操られた常識に従う必要はない。

自分がそこにいたいと思えるコミュニティで生きればいい。そして、そのコミュニティはいくつあってもいいし、いつでもやめたって入ったっていい。

他人の悪意に振り回されることなく、自分の人生を前向きに生きることは、誰もが平等に持つことができる権利なのだ。

それを邪魔する者がいたら、大いに怒っていいのだ。

36

他人の幸せに嫉妬する人を無視する

僕はあらゆる場で「自分の人生を、自分で選び取り、自由に生きるべき」と話している。これは少しの行動と意識の切り替えだけで、誰もができることなのに、世の中の多くの人は気づいていない。

ましてや、自分の人生について考えずに、他人の人生のことばかり気にしている人も驚くほど多い。

何が言いたいかというと、他人の幸せに嫉妬する人になったら、終わりだ。不健全な嫉妬心ばかりが渦巻いて、そればかりに執着しているようでは、いつまでたっても「自分の人生を生きること」はできない。

「他人の幸せへの嫉妬」について、これはないな、という出来事を目にした。

2019年10月6日、台風19号が関東・甲信越・東北地方に記録的な大雨と甚大な被害をもたらした。その数日後、台風の影響が残る中、あるタレントの方が仕事先の東北地方から都内の自宅に戻ったことをSNSで報告した。妻と子どもと撮った写真と、台風被害へのお見舞いコメントとともに。

するとどうだろう、ネット上には非難のコメントばかりが並んだのだ。簡単にまとめると、「大変な方々がいる中、幸せアピールか」「こんな状況でもSNSの更新をするのか」「行方不明の人もいるのに〜」「死者も出ているのに〜」など、こうした趣旨のものがほとんどだ。

おそらく、こんな的外れな非難をしているのは、台風被害に関係ない、他人のことばかり気にして生きている暇な人たちだと思う。

僕はツイッターに「他人の幸せに嫉妬しちゃう奴ってほんと性格悪い」とコメントを残した。いつも通り炎上するかなとも思ったのだけど、さすがに肯定的な真っ当な反応が多く、それは救いだった。

今回の件は一種の「不謹慎狩り」と言えるが、根底にあるのは「他人の幸せへの嫉妬」だ。もちろん、「成功したい、活躍したい」「あの人のようになりたい」と羨む気持がエネルギーになる「健全な嫉妬心」を持つことは悪いことではない。

それでも、嫉妬なんかする暇があったら、自分のことに集中すればいいのではないだろうか。他人のことは自分でどうすることもできないが、自分は1秒で変えることができるし前に進むことができる。

「嫉妬」とは距離を置くべきだ。

嫉妬される側になったときも、いちいち構っていてもしょうがない。スルーして、ときには怒って、今自分がやるべきことに集中すればいい。

嫉妬心だらけの世の中で、この無意味な感情に近づかないだけでも生きるのがラクになるはずだ。

37

僕が一緒に仕事をしたい人

好きな人とだけ仕事ができたらどんなに幸せだろうか。もちろんここで言う「好きな人」とは、友達とかいった類の話ではない。一緒に仕事をして「ノーストレスな人」のことだ。

では、僕にとってどんな人が「ノーストレスな人」で「一緒に仕事をしたいと思える人」なのか。

間違いなくひとつ言えるのは「LINEの返信が早い人」だ。僕は仕事をどんどん前進させていきたいから、1秒でも現状で止まっていたくない。もし何か判断を間違えたとしても、また戻って違う道に進めばいいだけだから、とにかく行動を起こしたい。

常にこう考えているから、僕が何か送ってすぐに返信が来ないと「イライラ」とストレスが溜まってしまう。

僕の知り合いの中で最もLINEの返信が早い人は、意外にもあの秋元康さんだ。どう考えてもめちゃくちゃ忙しいと思うし、毎日多くの人と会っているはずだ。でもきっと、スマホを手放さず常にチェックしているのだろう。僕が何か連絡すると同時に既読になり、すぐに返信が届く。

当然、相手に求めるだけでなく、僕も常にスマホはチェックしているからLINEの返信は早いし、早くするよう心がけている。仕事を大量にこなすためには、まず返信を早くすることが重要だ。たとえば、誰かから連絡が来て、それによってスケジュール調整をする必要が出てきたら、すぐにそのタスクをスタッフにパスをして、自分ではボールを持たないようにする。

たとえ、悩んだり迷ったりするような案件でも、「とりあえずAでやってみて」とか「大まかな方向性は○○で進めて」とか、とにかくわずかな時間でも自分がボールを持たずに担当者にパスするようにしている。それで疑問点や懸念点が出てくれば、すぐに連絡が来るので、そのまま進めるか、軌道修正するかなどをすぐにジャッジすればいい。

これは組織の中で部下を持っているポジションの人であれば、みんなやっていることだと思うし、逆に上司から仕事を受ける部下も同じように、自分で判断できる範囲で他の人に仕事を振ったり、外注したりするだろう。今のオープンイノベーション時代、新入社員だって会食の予約なんかは、代行サービスを使ってできるのだ。

そんなとき、タスクを抱えたまま放置していれば、その仕事は１ミリも前に進まないのだ。そんなの僕が上司だったら、当然怒る。

だから、片っ端から決断して返信していけばいいのだ。

仕事のできる人は、その判断のスピードが圧倒的に速いのだ。ＬＩＮＥの返信が遅い人は、そういう判断のスピードも遅い傾向があると思う。ストレスも溜まるし、信用できない。だから、僕は返信の早い人を信用するし、仕事もしたいと思う。

ちなみに僕は仕事ではほぼＬＩＮＥしか使っていないが、メールや他のメッセージでも「返信が遅い人」＝「仕事ができない人」というのは言うまでもない。

38

営業は死なない

前項の通り、僕自身は仕事のやり取りはほぼＬＩＮＥで行っていて、電話を使うことはない。では、アナログなコミュニケーションにまったく価値を見出していないかと言えば、そんなことはない。

総務省統計局が5年おきに実施している国勢調査によれば、日本には２０００年まで４６８万人いた「営業職」が２０１５年の時点で３３６万人に減ったという。ネットやスマホの普及により、「営業マン」の必要性が低下したことが原因だろう。だが、営業マン自体がいらなくなったわけではない。できる営業マンはネット・スマホ時代であっても重宝される。

最近、僕は光通信の会長、重田康光さんと久しぶりにお話をさせていただいた。光通信というと、過去、携帯電話やＰＨＳの販売やＡＤＳＬの「Ｙａｈｏｏ！　ＢＢ」の拡販で大成功した営業に強い会社だ。

その後、株価が大暴落して、「過去の人」と見られていたのだが、ここに来て急速に業績が良くなってきている。

今、光通信は光回線やウォーターサーバー、新電力などを扱っているそうなのだが、面白いのは、不用品を買い取って転売するビジネスをやっていることだ。

今、若者はメルカリなどを使って不用品を売るのは当たり前のようにやっていると思うが、多くの高齢者はそんなことは知らない。だから、高齢者のお宅に電話営業をかけて、家中にあるものを査定すると10万円とかで買い取ることができて、すごく喜ばれているそうだ。

こういった、営業やセールスの仕事は、今後はもっと拡大していくかもしれない。

お年寄りはとにかく誰かと話がしたい人が多い気がする。僕の友人の母親はちょっとした携帯の使い方を聞きに、わざわざ1時間近くかけてお店へ出かけるという。友人は「なぜそんな非効率なことをするんだ」って言うのだが、結局お母さんは人と話す理由が欲しいだけなのだ。でも「ただ話したいから」って言うのはなんか寂しいから「私は携帯の使い方を教えてほしいだけだ」とそれらしい理由をつくっているんだと思う。

るのだ。

「会って話す」という行為がしたくて、わざわざ非効率なことをしに行ってい

今後あらゆることがAI化、自動化、ロボット化されていく社会となるが、ここで挙げたような、人間同士のセールスやコミュニケーションがロボットなどに代替されることはないと思う。

人には、話したいという欲求はもちろんあり、究極にいうと他人に触りたいし触られたいという欲求があるから。だから人と話すことで温度を感じたいのだ。そして人は、その言い訳が欲しいのだと思う。

みんな恥ずかしくて「話したい」って願望を言わないけど、いろんなものが自動化されるほどその欲求はこの先ますます顕著になるはずだ。

「営業（マン）」が滅びることはないと思う。前述したような「欲求」を、うまく満たしてくれる優秀な人材だけが生き残る世界となる。

39

東京でイライラするなら、地方へ行こう

「はじめに」の話の続きをしたい。

それは「手取り14万円は安すぎる」と嘆くこと自体がおかしいのだ。つまり、「手取り14万円でも別にいいじゃん」ということだ。

昔だと田舎には、映画館など娯楽施設がなくて、「俺ら東京さ行くだ」なんていう歌もあったが、今はそんなことはない。

僕はいつもネットとスマホの時代ということを強調しているが、それは都会だろうと、地方だろうと変わらないことだ。

日本全国どこでもスマホとネットが使えれば、ユーチューブもネットフリックスも見放題になる。ＬＩＮＥがあれば友達とも簡単に連絡できる。それだけあれば、娯楽は十分ではないか。東京だろうと田舎だろうと、家に帰ってやることはみんな同じである。

また、全国ほとんど、コンビニがあってドラッグストアがあって、あと足りないものはネット通販で購入できる。

さらに田舎は家賃が安いというメリットがある。

地域によっては東京よりも5分の1ぐらいになるから、ワンルームマンションなら、2万円台でいくらでも見つかるだろう。

田舎は給料も安いじゃないかと言われるかもしれないが、だったら先に述べたようなクラウドソーシングの副業を少しやればそれなりの生活ができるようになる。

また、東京に用事ができたり、たまに都会の空気を味わいたくなったりしたときは、LCCを使うと安く移動できる。LCCを使うと、JALやANAの3分の1、4分の1と破格の航空券を購入できる。今、ちょっと調べてみたら、東京から札幌まで5000円程度で行けるチケットが見つかった。

僕は大学進学とともに上京してから、ずっと東京で生活してきた。

東京にはたくさんの人がいて、自分と話の合う人も見つかりやすいから、仕事をするうえでは有利になる。ITなどの企業が東京に集中しているのはそのためだ。それ以外にもおいしい料理屋など面白いスポットがたくさんあって、魅力的な異性とも出会いやすい。

しかし、東京の魅力というのは、ネットやスマホが普及すると、相対的に低下していて、東京でなければできないことというのはどんどん少なくなってきている。ユーチューブやSNSなどで東京以外でも面白い情報を発信してくる人はどんどん増えている。

ネットとスマホがあれば、世界中で東京と同じような生活ができるようになる。東京でなければ生活ができないなんていうのは一種の信仰にすぎない。

確かに東京にはお金が集まっていて稼げるが、そろそろ、「人間、金さえあればなんとかなる」という考えを捨てるべきだ。

お金はあってもいいけど、日本は福祉制度がそれなりに充実しているから、最悪、お金がなくても生活保護で暮らしていける。

では、どうしてみんなお金のことばかり考えているかというと、お金に頼りすぎているからだ。お金に頼るべきではなく、人間ならば人に頼るべきだ。

ところが、多くの人は人に頭を下げるのは、惨めなことだと思っている。人に物乞いするのは、みっともないことだと思っている。おそらく、教育が悪いのだろう。多くの日本人は、子どもの頃から「人に迷惑をかけるな」と言われて育てられてきたから、その弊害だと思う。

僕は、今でも人に奢ってもらうし、奢ってもらったときには、堂々と「ありがとうございます！」と言っている。人に助けてもらうことは別に悪いことではない。今がつらくきついとき、そばに頼れる人がいるのだったら大いに頼ればいいのだ。そして、いつか自分が頼られたときに、誰かを助けてあげればいい。

これからの時代、大切なのは「生きがい」だ。

東京（や都市部）で仕事や人間関係で不満を抱えイライラしているのだったら、地方で「生きがい」を見つけて、自分の人生を歩むべきだ。幸運にも今はその選択ができる時代だ。もし東京に「生きがい」があるのなら、それを実現するため自分で方法を見つけ、しつこくやり続けるしかない。

いずれにせよ好きな人生を選ぶだけだ。「理不尽さ」のせいにしないで、自分の意思で現状を変えていくしかないのだから。

おわりに

大人向けのユーチューブの世界で、今いちばん勢いに乗っているのはオリエンタルラジオの中田敦彦くんが運営している「中田敦彦のYouTube大学」だろう。チャンネル登録者数は非公開だが、月間2000万回も再生されている。

そんな中田くんは、HIUに参加してくれている。

今、オンラインサロンは活況を呈《てい》しているが、僕は2014年から始めていて草分け的な組織だ。

HIUには様々なジャンルのグループがあり、参加者はまずそれに参加してもらう。そこで自分の好きなことを実現するために人を募り、僕もアドバイスを出して、プロジェクトを形にしていく。現在の会員数は日本最大級の1600人程度で、かなり成功していると言える。

中田くんは、HIUをこんなふうに評価してくれた。特徴を分かりやすく表してくれたので、ここに書いておきたい。

「普通のオンラインサロンだと、わーって会員に集まってもらっても、その人たちをうまく束ねて楽しませるってめっちゃ難しいんですけど、堀江さんのサロンは、それぞれのメンバーが自分たちで動いているのがすごい」

「パンフレットをつくったり、イベントを組んだりするのも、全部、堀江さんじゃなくてそれぞれ独立したチームがやっているんです。それは、チームビルドができているから。普通のオンラインサロンだと、サロンのオーナーが仕切らないと、どうしてもうまく回らない。堀江さんが何もしなくても、サロンがうまく回っているのは、組織づくりがすでにできているからなんです。（メンバーに）ホリエモンマインドが染み込んでいますね」

僕自身、当然他のビジネスやプロジェクトを手掛けているから、オンラインサロンに投入できる時間は限られている。個々のメンバーがどんどん積極的に行動してくれないとコミュニティを維持できないのだが、中田くんが指摘してくれたように、最近はうまく回りはじめた気がする。

特にサロンのメンバーが活発に動いてくれるのが夏冬、年に2回やる「HIU合宿」だ。

2019年の夏は佐渡に行ったのだが、酒蔵見学をして、和太鼓の演奏を聞き、僕はゲストとのトークの公開収録をして、夜はグルメツアーからの大人狼大会。そして翌早朝からは、シーカヤック、ゴルフ、釣り、たらい船体験&競争、沢登り、ロゲイニング、能体験……などなど、まさに息つく暇もないぐらい濃密な体験を詰め込んだ合宿となった。

合宿の実行委員メンバーが、僕が普段やっていることを参考にして、いろいろなプランを企画し実行に移す。僕もそれにアドバイスや提案をして、より面白い思い出深いものを目指していくのだが、それがうまい具合に循環している。

HIUで最初に合宿をやったのは、2015年の夏。このとき、収穫だったのは、実行委員長が全然使えない奴だったことだ。僕も頭を抱えたのだが、他のメンバーがよく動いて彼女をカバーして、なんとか乗り切った経験がある。

彼女はこのときの経験で大いに成長し、今やHIUの中でも重要なポジションを担っている。「ポストが人をつくる」とよく言うが、まさにそうで、合宿というフォーマットがよくできているのだと思う。

このように、今HIUでやっていることが、僕が思い描く未来の生き方・働き方のベースになると確信している。年代、性別、組織などに関係なく、プロジェクトごとにやりたい者が集まり、プランを実行していく。

今後、仕事やプロジェクトを進めるうえで、「信頼できる人だけでチームを組む」という流れはどんどん強まっていくはずだ。そこには理不尽さによる怒りは生まれないから、イライラしないで楽しく最高の結果を生み出すことができるようになる。好きな人とだけ生きていく。理不尽な怒りを生まない、そんな人生を送ることができる時代なのだ。

カバー写真　ワタナベアニ
カバーデザイン　FROG KING STUDIO
プロデュース　中谷大祐（株式会社アディス）
企画協力　大里善行（株式会社アディス）
倉崎雄介（株式会社スタジオライン）
校正　東京出版サービスセンター
DTP　アレックス
編集協力　山守麻衣

堀江貴文《ほりえ・たかふみ》

1972年、福岡県生まれ。実業家。SNS media&consulting株式会社ファウンダー。インターステラテクノロジズ株式会社ファウンダー。元・株式会社ライブドア代表取締役CEO。現在、有料メールマガジン「堀江貴文のブログでは言えない話」の配信、会員制コミュニケーションサロン「堀江貴文イノベーション大学校」の運営、和牛ブランディング「WAGYUMAFIA」の活動、「ゼロ高等学院」の主宰、2019年5月に民間では日本初の宇宙空間到達に成功したインターステラテクノロジズ社の宇宙ロケット開発など、多数の事業や投資、多分野で活躍中。主な著書に、『ゼロ』(ダイヤモンド社)、『本音で生きる』(SB新書)、『99%の会社はいらない』(ベスト新書)、『多動力』(幻冬舎)、『好きなことだけで生きていく。』『自分のことだけ考える。』『情報だけ武器にしろ。』(以上、ポプラ新書)、『時間革命』(朝日新聞出版)、共著に『10年後の仕事図鑑』(SBクリエイティブ)、『バカとつき合うな』(徳間書店)などベストセラー多数。

ポプラ新書
189
理不尽に逆らえ。
真の自由を手に入れる生き方
2020年4月7日 第1刷発行

著者
堀江貴文
発行者
千葉 均
編集
村上峻亮
発行所
株式会社 ポプラ社
〒102-8519 東京都千代田区麹町4-2-6
電話 03-5877-8109(営業) 03-5877-8112(編集)
一般書事業局ホームページ www.webasta.jp
ブックデザイン
鈴木成一デザイン室
印刷・製本
図書印刷株式会社

N.D.C. 159/222P/18cm ISBN978-4-591-16642-0

P8201189

生きるとは共に未来を語ること　共に希望を語ること

昭和二十二年、ポプラ社は、戦後の荒廃した東京の焼け跡を目のあたりにし、次の世代の日本を創るべき子どもたちが、ポプラ（白楊）の樹のように、まっすぐにすくすくと成長することを願って、児童図書専門出版社として創業いたしました。

創業以来、すでに六十六年の歳月が経ち、何人たりとも予測できない不透明な世界が出現してしまいました。

この未曾有の混迷と閉塞感におおいつくされた日本の現状を鑑みるにつけ、私どもは出版人としていかなる国家像、いかなる日本人像、そしてグローバル化しボーダレス化した世界的状況の裡で、いかなる人類像を創造しなければならないかという、大命題に応えるべく、強靭な志をもち、共に未来を語り共に希望を語りあえる状況を創ることこそ、私どもに課せられた最大の使命だと考えます。

ポプラ社は創業の原点にもどり、人々がすこやかにすくすくと、生きる喜びを感じられる世界を実現させることに希いと祈りをこめて、ここにポプラ新書を創刊するものです。

未来への挑戦！

平成二十五年　九月吉日　　株式会社ポプラ社